COLONEL P.-L. MONTEIL

SOUVENIRS VÉCUS

QUELQUES FEUILLETS DE l'Histoire Coloniale

Les rivalités internationales

Préface de M. le Général MANGIN

PARIS
Société d'éditions Géographiques Maritimes et Coloniales
Ancienne Maison CHALLAMEL, fondée en 1839
17, RUE JACOB (VIe)

1924

DU MÊME AUTEUR (1924) :

L'ASTRE MÉCONNU : NOTRE TERRE

THÉORIES NOUVELLES :

de la Chaleur,

de l'Electricité,

de la Lumière,

des Sciences Mathématiques.

Grand in-octavo de 450 pages avec figures. *Prix : 25 francs*

Colonel P.-L. MONTEIL

SOUVENIRS VÉCUS

QUELQUES FEUILLETS
DE
l'Histoire Coloniale

Les rivalités internationales

Préface de M. le Général MANGIN

PARIS
Société d'éditions Géographiques Maritimes et Coloniales
Ancienne Maison CHALLAMEL, fondée en 1839
17, RUE JACOB (VIe)

1924

DÉDICACE

Aux mânes glorieux des Coloniaux illustres ou obscurs,

A l'armée coloniale qui a exploré, conquis, organisé notre Empire d'outre-mer, qui en assure la garde,

Aux administrateurs éminents qui ont conduit cet Empire à la prospérité,

A ceux qui président à son développement,

A tous les collaborateurs de divers ordres de notre action civilisatrice et colonisatrice,

Sont dédiés ces souvenirs, vécus en son printemps, racontés en son automne,

PAR UN VÉTÉRAN.

PRÉFACE

Ce livre vient à son heure.

La France sait ce qu'elle doit à ses colonies, qui, pendant la guerre mondiale, lui ont donné 585,000 combattants, et 300,000 travailleurs dont l'arrivée à l'usine a rendu au front un nombre correspondant de soldats. La France sait aussi que ces efforts auraient donné des résultats au moins quadruples s'ils avaient été préparés, qu'ils eussent alors abrégé la guerre, et changé du tout au tout les conditions de la Victoire.

Elle n'ignore plus ce qu'elle peut demander à ses enfants d'outremer en cas de danger national. Elle se sent une nation de cent millions d'habitants, qui peut trouver sous les tropiques le coton, qu'à bref délai les Américains garderont pour leurs propres manufactures, les matières grasses, de plus en plus indispensables à l'alimentation des machines et à celle des humains, les bois durs, le caoutchouc, la viande, les fruits exotiques.

Mais la France ne sait pas très bien comment ces forces et ces richesses lui sont advenues. Les manuels de géographie et d'histoire sont bien secs, bien confus, bien tendancieux. Or, voici les récits d'un témoin, d'un acteur, d'un pionnier de la première heure : explorateur, chef de guerre, diplomate, le colonel Monteil a mené l'action coloniale *sous toutes ses formes, et il sait la raconter. Il fait comprendre son unité, ses liens avec la politique étrangère, la place qu'elle tient dans le monde, les soubresauts que lui inflige une opinion publique mal renseignée.*

L'avenir sort du passé, qu'il faut connaître, non seulement pour rendre justice à nos devanciers mais aussi pour y chercher des leçons. Fait symbolique, l'auteur commence sa carrière coloniale à Saint-Louis en classant les archives du Sénégal depuis 1817. Et quels précieux documents il apporte à l'histoire de la pénétration française en Afrique, à la connaissance des hommes et des faits.

Jeune sous-lieutenant, il est sous les ordres directs du capitaine Gallieni le futur maréchal de France, et vit dans son intimité; il le retrouvera au Gouvernement militaire de Paris et au Ministère de la Guerre, trente-huit ans après. Le Gouverneur, colonel Brière de l'Isle, met en valeur la colonie que Faidherbe a conquise et dont il a ébauché l'organisation. Brière de l'Isle a commencé le port de Dakar et le chemin de fer qui le réunit à Saint-Louis; aqueducs, routes et plantations d'une part, politique indigène et administration financière d'autre part, il a tout mené de front. Ce fut un organisateur éminent, et il faut lire comment les colons qui l'avaient fait disgracier, offraient un million pour obtenir son retour.

Brière de l'Isle envoie Gallieni reconnaître les routes entre le Sénégal et le Niger, étudier même un tracé de chemin de fer pour réunir les deux voies fluviales; Monteil en même temps étudie le tracé de la ligne Bakel-Saint-Louis, qui traverse le territoire de tribus fières et turbulentes. Aujourd'hui l'œuvre est complètement réalisée et nous allons en deux jours de Dakar au Niger.

* * *

A Paris, le colonel Monteil nous montre les hésitations de notre politique coloniale vers 1884-1885. C'est d'un pas bien chancelant qu'elle s'avance en Afrique; le Haut-Fleuve (c'est le Haut-Sénégal), est impopulaire au Parlement; il est convenu que c'est un désert, où ne pousse que la graine d'épinard à l'usage des officiers en mal d'avancement, et l'évacuation des territoires occupés est fréquemment en question; chaque changement de ministère amène une déclaration où le chef du nouveau cabinet ferme le temple de Janus, clôt l'ère des conquêtes et déclare que la période de mise en valeur a commencé dans un domaine colonial qui ne saurait s'accroître indéfiniment... Mais heureusement la pénétration par le rail est déclarée pacifique, progressiste, scientifique; Monteil baptise l'impopulaire Haut-Fleuve du nom de Soudan; alors les colonnes et les missions peuvent continuer la prise de possession du pays où la France obéit sans le savoir à la loi inéluctable déjà connue des Pharaons d'Egypte et qui peut se formuler ainsi : Un peuple civilisé qui a pris pied sur un continent barbare s'avance en conquérant jusqu'à ce qu'il rencontre un obstacle pratiquement infranchissable, la mer, le désert, ou les possessions d'un autre peuple civilisé; *car il est impossible de garder une frontière commune avec des peuplades inorganisées; il est plus facile de prendre et de garder le tout que la partie.*

La création du Sous-Secrétariat d'Etat des Colonies, transformé bientôt en ministère, attira l'attention du monde politique sur les questions coloniales, et le colonel Monteil constate que de ce fait la création de notre empire colonial a été grandement favorisée. Il nous transporte en Indo-Chine, où nous sommes initiés à l'injuste disgrâce du général Brière de l'Isle.

Mais voici que M. Etienne fait converger vers le Tchad en 1890 trois missions : Crampel y viendra par le Congo et le Chari, Mizon par le Niger et la Bénoué, Monteil par le Niger et les confins du Sahara. La genèse de cette troisième mission, qui alla de Saint-Louis à Tripoli par le Tchad, *est bien intéressante par sa conception, puis par ses conséquences diplomatiques. Mais c'est ailleurs que le colonel Monteil a raconté cette magnifique exploitation.*

* * *

Le voici de nouveau à Paris, où M. Delcassé, Ministre des Colonies, l'entraîne chez le Président de la République, M. Carnot, qui veut l'envoyer à Fachoda : le Soudan égyptien est res nullius *et notre colonie du Haut-Oubanghi trouvera là un débouché sur le Nil. Monteil accepte, et commençait de Paris l'organisation du*

Haut-Oubanghi dont il est nommé gouverneur, quand l'Etat indépendant du Congo, dont le roi des Belges est souverain, menace de couper le ravitaillement de la jeune colonie, qui serait, à son avis, constituée au détriment de ses domaines. Ce conflit diplomatique alla très loin. Il se compliquait par suite de l'attitude de l'Italie : des manifestations contre l'Italie s'étaient produites dans certaines villes du Midi, et à Aigues-Mortes notamment des ouvriers italiens avaient été molestés. Ces très regrettables incidents avaient tendu à l'extrême les rapports entre les deux nations. Il semblait nécessaire d'attendre les événements avant de s'engager dans une opération de grande envergure.

Mais d'autre part les frontières entre le Congo français et le Cameroun allemand restaient à déterminer. Le parti colonial allemand voulait que son gouvernement gardât la possibilité d'étendre indéfiniment son hinterland en Afrique, et les explorateurs français, prenant possession du Congo, de l'Oubanghi, du Chari, coupaient net la pénétration germanique. M. Delcassé, ministre des Colonies, fit envoyer le colonel Monteil à Berlin, avec M. Haussmann, l'un de ses directeurs, pour y déterminer le tracé en litige.

La visite de l'amiral Avelane à Paris venait de donner un éclat nouveau à l'alliance franco-russe proclamée à Cronstadt, mais Guillaume II jugea politique de ne point paraître inquiet ni froissé, et il imposa à sa diplomatie des solutions amiables à toutes les questions en litige, tant avec la Russie qu'avec la France. Le colonel Monteil nous raconte les véritables coquetteries du Kaiser à son égard et les avances non dissimulées du chancelier de Caprivi. Et notre ambassadeur improvisé doit se défendre au dernier moment, celui de la signature, d'engagements trop généraux qui, sur le terrain colonial, eussent lié la France et l'Allemagne contre l'Angleterre.

Cette antipathie profonde de Guillaume II et de l'Allemagne contre l'Angleterre, que signale le colonel Monteil, antipathie entre les dynasties et entre les princes, et rivalité industrielle, navale, coloniale entre les nations, nous la retrouvons constamment. Elle est à la fois instinctive et raisonnée. Chez l'Allemand, elle met en jeu la plus puissante de ses passions : la haine. Au cours de cette guerre mondiale, l'Allemand ne hait ni le Français, ni le Russe. Il hait l'Anglais d'abord, l'Américain ensuite, et la guerre a pour but la coalition du continent européen sous l'hégémonie germanique contre les anglo-saxons. Au début des hostilités, c'est le Gott strafe England *qui retentit dans toute l'Allemagne, et jusque dans les tranchées et les villages du front où nous avons trouvé des inscriptions monumentales qui les répètent. Puis l'entrée des Etats-Unis dans la guerre détourne sur eux la haine germanique; sur tout le front les tracts de propagande couvrent d'injures le Président Wilson, comparé à Néron et à Héliogabale : c'est son sadisme monstrueux qui a lancé son pays dans la guerre et qui prolonge les hostilités.*

Mais voici que Guillaume II se croit victorieux. Le 15 juin 1918, après les offensives du 21 mars, du 8 avril, du 27 mai, il monte au Capitole et révèle la grande pensée de son règne dans un discours prononcé au grand quartier général à Avesnes à l'occasion du trentième anniversaire de son couronnement : « Le peuple allemand ne vit pas clairement, quand la guerre éclata, quelle signification elle aurait. Je le savais très exactement... Il s'agissait d'une lutte entre deux conceptions du monde. Ou bien *la conception prussienne allemande,* germanique, du monde : droit liberté, honneur et morale, doit rester en honneur; ou bien la *conception anglo-saxonne* qui signifie se livrer à l'idolâtrie de l'argent. Les peuples de la terre travaillent comme des esclaves pour la race des maîtres anglo-saxons qui les tiennent sous le joug. Les deux conceptions luttent l'une contre l'autre. Il faut absolument que l'une d'elles soit vaincue... »

Le Kaiser habille et arme comme il peut sa conception prussienne allemande, *mais c'est pour une lutte à mort qu'il l'oppose à la conception anglo-saxonne et c'est le sentiment profond de tous ses peuples qu'il exprime dans ses cris de haine. Nos alliés d'hier doivent s'en souvenir, et se rendre compte que, si la haine germanique paraît en ce moment se concentrer contre les Français, ce n'est qu'une apparence très passagère; l'Allemagne sent très bien qu'il est fort possible de s'entendre avec la France, pourvu que la France veuille bien servir sa haine contre les anglo-saxons, seuls rivaux de son industrie et de sa marine.*

* * *

Mais c'est la rivalité anglo-française qui seule apparaît en 1895. Le colonel Monteil est arrêté sur la route du Nil, car une convention franco-belge permet de motiver son rappel : c'est le capitaine Marchand qui reprendra sa tâche interrompue et qui plantera le pavillon français à Fachoda. Monteil va débarquer sur la Côte d'Ivoire, que menacent les bandes de Samory. Ce grand chasseur d'esclaves est libéré de toute crainte dans le nord, car le malheureux Soudan s'est vu infliger un gouverneur civil arrivé avec le programme purement négatif de prendre le contre-pied de ses prédécesseurs militaires : il fallut remplacer promptement par un bon colonel le néfaste administrateur, mais le mal était fait, et d'immenses contrées étaient ravagées et dévastées.

Dans une région que le capitaine Marchand venait d'explorer, le colonel Monteil eut alors à mener une série d'opérations des plus rudes; il lui fallut d'abord pacifier la zone côtière, puis réprimer une révolte du Baoulé insurgé sur ses derrières, enfin prendre le contact des bandes de Samory, avec une colonne réduite à 300 hommes par la nécessité de garder ses voies de communication. Samory dispose de forces dix fois supérieures, armées de fusils à tir rapide, et cerne bientôt la colonne française. Du 3 au 17 mars 1895 celle-ci parcourt 200 kilomètres et livre dix-huit combats victorieux, se rabat sur le poste de Sattama, où Monteil, grièvement blessé, reçoit l'ordre de revenir à la côte, qu'il regagne après cinq mois de combats incessants. La colonne de Kong figure dans nos annales coloniales comme une des plus rudes, où l'énergie du chef sut inspirer des subordonnés dignes de lui.

Tout l'ouvrage du colonel Monteil est prodigieusement intéressant. Sur les démêlés passagers entre la France et l'Etat indépendant du Congo, sur la rivalité malheureusement trop constante entre l'Angleterre et la France, il apporte une documentation d'importance et des vues d'avenir; il précise les menées de l'Allemagne en Tripolitaine, qui provoquèrent l'intervention de l'Italie encore hésitante, et il établit la répercussion de tous ces événements sur le groupement des nations pendant la grande guerre.

Il faut le constater, l'action coloniale, au lieu de nous brouiller avec l'Europe et d'entraver nos forces, comme semblait le craindre une opposition irréductible, nous a, en fin de compte, procuré des alliés, formé des chefs, et recruté des soldats.

Général Mangin.

INTRODUCTION [1]

Notre histoire coloniale est constituée par l'ensemble des événements ou actes d'ordres politique, militaire, diplomatique, administratif qui ont présidé à la création de notre empire colonial.

Cet empire occupe aujourd'hui sur le Globe une superficie considérable. Aux vieilles colonies, vestiges du domaine d'outre-mer de l'ancienne monarchie, se sont ajoutées au cours du XIXe siècle : l'Afrique méditerranéenne, l'Indochine, l'Afrique occidentale et équatoriale, Djibouti, Madagascar.

Mais c'est dans la période qui s'étend de 1879 à nos jours, que, sur les assises primitives : Algérie, Cochinchine, Sénégal, Gabon, se sont élevés les majestueux édifices qui proclament la puissance de notre génie colonisateur.

Cette histoire est faite de vérités, et aussi de légendes, celles-ci inséparables de toute œuvre humaine. Telle qu'elle se présente, elle enregistre les résultats admirables dus à l'initiative agissante des générations de la seconde moitié du XIXe siècle, en même temps qu'elle met en relief, dans la période de gestation, les qualités caractéristiques de notre race : esprit d'entreprise, courage, énergie persévérante, générosité.

(1) La première partie de cet ouvrage (pages 1 à 42), a été publiée, à la réserve de quelques additions, dans le numéro du 1er septembre 1923 de la *Revue de Paris*, sous le titre : « Contribution d'un vétéran à l'histoire coloniale. »

Mon dessein, en écrivant ces lignes, reste limité ainsi que le titre adopté le laisse pressentir.

Ce dessein, en effet, n'est pas de développer les phases de la grande œuvre qui a nom : « Création de l'Empire Colonial de la France »; car déjà l'historique de cette période forme une véritable bibliothèque dans laquelle ont pris place les travaux personnels des uns, les encyclopédies documentées des autres. Dans cette compendieuse bibliographie on trouve les relations des faits et gestes des grands coloniaux dont les noms légendaires sont présents à la mémoire de tous, depuis les Faidherbe, de la Grandière, Doudart de Lagrée, Brière de l'Isle, Francis Garnier, Courbet, Gallieni, Borgnis-Desbordes, de Brazza, Casemajou, Moll, Baratier, Largeau, Gentil qui ont disparu, jusqu'à ceux qui vivent encore et manifestent leur activité sous des formes diverses, tels : les Lyautey, Archinard, de Trentinian, Hourst, Marchand, Gouraud, Mangin, Bonvalot, Pavie et tous ceux dont je m'excuse de ne pouvoir signaler les noms. Ils sont trop.

Je veux seulement relater certains souvenirs personnels, liés aux différentes phases de ma vie coloniale, depuis les débuts de ce que l'histoire a dénommé « *l'époque africaine* », dont j'ai été l'un des premiers pionniers. De cette période de notre histoire coloniale les origines sont obscures; les raisons qui ont déterminé notre pénétration au Niger, puis au centre Afrique, en partant du Sénégal, sont ou inconnues, ou mal exposées dans leur genèse; je suis en mesure de rétablir la vérité historique.

Le développement de notre empire colonial d'autre part a dépendu de menus faits souvent, d'événements plus importants aussi, qui ont échappé à la connaissance et au jugement des contemporains. Les suspicions éveillées, chez les puissances coloniales rivales, par notre activité ont eu pour conséquence de paralyser parfois nos initiatives, elles ont donné naissance à des frictions, celles-ci méritent d'être exposées avec impartialité dans leurs causes et leurs effets. Désormais écartées, puisque des actes diplomatiques définitifs sont intervenus, ces occasions de conflits, souvent graves, appartiennent cependant à l'histoire, et ce n'est pas faire œuvre de récrimination vaine et tardive que de les rappeler, pour préciser la récupération qu'elles ont eu sur la politique générale de l'Europe.

Il faut reconnaître, en effet, que l'évolution économique, aussi la politique générale des nations européennes, dans le demi-siècle qui s'est écoulé jusqu'à la guerre mondiale, ont été dominées par la lutte ardente engagée pour la conquête des marchés extérieurs, pour la prise de possession des terres libres, en un mot par la politique coloniale.

Appelé par les circonstances à prendre une part active aux différentes phases de la politique coloniale de notre pays hors d'Europe et en Europe j'entreprends d'écrire l'histoire que j'ai vécue.

On excusera, si à ces souvenirs, ma personne est trop souvent associée, mais le lecteur voudra bien admettre, que les dits souvenirs n'ont quelque valeur ou saveur, que précisément parce que je les ai vécus.

Note de l'auteur. — Les cartes générales ou spéciales de nos possessions coloniales sont assez répandues, pour qu'il n'aît pas été jugé indispensable d'en adjoindre au présent ouvrage.

P.-L. M.

BRIÈRE DE L'ISLE. — GALLIENI.

Le colonel Brière de l'Isle (1), de l'Infanterie de Marine, est le véritable créateur de la prospérité de notre colonie du Sénégal et aussi le metteur en œuvre de l'épopée africaine qu'il a conçue et déclanchée avec une force vive qui en assuré le succès.

Je voudrais d'abord fixer le rôle de Brière de l'Isle comme organisateur et administrateur de notre vieille colonie, qui lui dut de sortir de la léthargie dans laquelle elle était plongée, pour devenir le plus beau joyau de cet écrin superbe que l'on dénomme aujourd'hui : l'Afrique Occidentale française.

Au moment où, en 1875, Brière de l'Isle arrivait au Sénégal, c'était encore pour la France, meurtrie des désastres de 1870, le temps du recueillement. L'œuvre de reconstitution nationale devait se développer, exempte de tous soucis extérieurs susceptibles de la faire dévier du but; aussi les instructions aux gouverneurs des Colonies se résumaient-elles en cette formule lapidaire : « Surtout, qu'on n'entende pas parler de vous! »

Brière de l'Isle sut, tout en se conformant rigoureusement à ces instructions, consacrer son activité à développer, sans faire appel aux finances de la métropole, la colonie qui lui avait été confiée. Dès son arrivée à Dakar, il comprit que nous possédions en cette rade, fermée par l'île de Gorée, un port merveilleux,

(1) Brière de l'Isle s'était illustré, en 1870, dans le commandement du 1er Régiment de l'arme à Bazeilles. La fin de sa belle carrière fut causée par une mesure inique, lorsqu'il fut relevé de ses fonctions de commandant en chef au Tonkin, à la suite de l'affaire de Lang-Son.

le seul de la côte occidentale d'Afrique, et qu'il importait de le doter d'installations susceptibles d'en faire le point obligé de relâche et de ravitaillement des navires fréquentant l'Atlantique sud. Jusqu'alors les îles Canaries détenaient ce rôle; elles avaient l'inconvénient d'être trop rapprochées des côtes d'Europe, trop éloignées des côtes de l'Amérique du Sud.

Mais l'eau manquait à Dakar; Brière de l'Isle fit immédiatement entreprendre des études, puis, celles-ci terminées, des travaux qui permirent de capter dans les dunes de sables de Hann, pointe sud-ouest de la rade de Dakar, par une aiguade, des eaux qui furent amenées jusqu'à la jetée. En 1879, au mois d'avril, nous allâmes inaugurer le jet d'eau terminus de la canalisation à l'extrémité de la grande jetée d'alors. Dakar était créé, les dépôts de charbon vinrent ensuite, puis les magasins d'approvisionnements, les docks, etc.

En quelques années, surtout après d'autres travaux dont nous parlerons ci-après, Dakar prit un essor prodigieux. Aujourd'hui le rêve de Brière de l'Isle est réalisé, Dakar est le plus grand port de la côte occidentale d'Afrique.

A Saint-Louis, entrepôt du commerce de cette grande artère fluviale qu'est le Sénégal, Brière de l'Isle créa des quais et aussi une conduite d'eau, grâce à un barrage établi sur un des bras du fleuve à Lampsar; ce dernier travail transforma la vie économique de la capitale. Jusqu'alors on était réduit à recueillir dans des citernes les eaux des pluies de l'hivernage; presque toutes les maisons en possédaient une. Contre l'Hôtel du Gouvernement était un de ces réservoirs à l'usage des troupes et des fonctionnaires; chaque jour les corps et services envoyaient des corvées avec des barriques pour transporter l'eau dans les casernes et les administrations.

A ce sujet une personnalité intéressante s'évoque dans ma mémoire. Il y avait alors, à Dakar, comme commandant supérieur, second du Gouverneur, un lieutenant-colonel de spahis que familièrement on appelait le « père Canard ». C'était le personnage légendaire de la Colonie. Il y était arrivé en qualité de trompette au premier escadron de spahis, qui, tiré du Ier chasseur d'Afrique, avait été envoyé au Sénégal en 1845. Il avait conquis tous ses grades dans les nombreuses colonnes expéditionnaires d'avant 1870. Sa bravoure, illustrée par de nombreuses blessures, faisait le sujet de maints récits merveilleux, surtout parmi les indigènes chez lesquels il était en véritable vénération. C'était le type du soldat de fortune, bienveillant aux jeunes sous ses allures brusques; ses boutades, transmises de génération en génération, assaisonnées à une sauce un peu verte parfois, faisaient la joie de nos réunions. Un jour vint où le père Canard atteignit le sommet de la hiérarchie par sa nomination au grade de colonel; il ne pouvait prétendre aller au delà, il était vraiment trop spécialisé. Peu de temps après, alors que je rentrais en France, j'allai lui dire adieu à Dakar; je le trouvai songeur et il me confessa avec des larmes dans la voix, qu'il se voyait obligé de quitter son cher Sénégal, puisque Brière de l'Isle, son égal en grade désormais, ne manifestait pas de vouloir lui céder la place. J'essayai en vain de lui donner espoir; alors, me prenant par le bras : « Et cependant, Monteil, avoir roulé des barriques d'eau sur la place du Gouvernement comme simple spahi, et regarder le même spectacle du haut de l'hôtel, étant Gouverneur, c'était un beau rêve! »

Le rêve du vieux soldat s'accomplit toutefois; il devint, par une circonstance un peu fortuite, Gouverneur du Sénégal, pour un temps très court d'ailleurs; le rôle n'était pas à sa taille. Il termina sa carrière militaire comme commandant supérieur de Sfax et fut retraité à cent neuf ans de services, campagnes comprises. C'était un fier soldat et un grand honnête homme.

Brière de l'Isle accomplit aussi des travaux d'embellissement par des plantations qui donnèrent de l'ombrage aux grandes places, aux longues artères sablonneuses de la capitale.

Mais la métropole ne pouvant fournir de subsides, le gouverneur les demanda à ceux à qui ces travaux devaient apporter sécurité et prospérité à la fois, aux commerçants. Il augmenta les droits de douane à l'entrée dans la Colonie. Ce n'est pas médire des négociants du Sénégal que de constater qu'ils en furent mécontents, et, comme la colonie, grâce à Brière de l'Isle, possédait désormais un député et un Conseil général, ceux-ci mirent tout en œuvre pour obtenir son rappel. Cet événement eut lieu en 1881, mais le gouvernement, reconnaissant les services éminents de Brière de l'Isle, le nomma général. Il avait trouvé la colonie pauvre; à son arrivée elle était endettée; à son départ il laissait 1.500.000 francs à la caisse de réserve.

Je m'excuse d'anticiper sur les événements, en ce qui a trait à la relève de Brière de l'Isle à cause d'un souvenir qui s'y rattache et que je veux rapporter ici.

En 1884 j'arrivais à Bordeaux, partant à nouveau pour le Sénégal comme chef de la Mission topographique du Soudan. Grand fut mon étonnement de trouver à l'embarcadère du remorqueur qui devait nous conduire à Pauillac pour embarquer sur l'*Equateur* courrier du Brésil, les chefs de grandes maisons de commerce du Sénégal et à leur tête M. Descemet, président du Conseil général. Je les connaissais tous, j'étais lié d'amitié avec la plupart. Leur affluence toutefois à ce moment me semblait singulière. Mais mon étonnement fut à son comble, quand je les vis tous embarquer sur le remorqueur. Enfin j'eus le mot de l'énigme lorsque Descemet m'adressa la parole en ces termes : « Mon cher ami, c'est au nom du Conseil général et du commerce du Sénégal que je viens vous demander un service. Nous avons fait depuis le départ du général Brière de l'Isle de dures expériences en matière d'administrateurs, la colonie, que le général avait laissée prospère, est aujourd'hui dans la détresse. Nous regrettons nos intrigues de jadis; nous ne voyions alors que les mesquins intérêts du moment. Voulez-vous demander au général de revenir au milieu de nous, nous nous chargeons d'obtenir son retour par intervention auprès des pouvoirs publics et pour manifester à la fois et nos regrets d'hier et notre joie de demain, nous nous engageons à verser un million à la caisse de réserve de la Colonie. »

Je transmis au général ce vœu, mais j'en savais à l'avance l'issue, Brière de l'Isle, poursuivant sa destinée, devait s'acheminer bientôt vers son nouveau calvaire.

Il n'était pas exagéré d'affirmer que Brière de l'Isle fut le véritable créateur de la prospérité de la colonie du Sénégal (1).

Avant d'exposer la genèse du projet de pénétration au Niger qui, conçu par lui, marque la première étape de l'épopée coloniale, je dois présenter les deux collaborateurs du célèbre Gouverneur.

Le premier d'entre eux était Gallieni, alors jeune lieutenant, arrivé au Sénégal en 1876. Peu de temps après, il était nommé au commandement important du cercle de Thiès, et là, ses qualités de travailleur et d'administrateur habile le signalèrent bientôt à l'attention du lieutenant-colonel commandant supérieur de Dakar, connaisseur et manieur d'hommes, dont il dépendait. Sur les rapports élogieux qu'il fit au gouverneur de son collaborateur, Brière de l'Isle appela Gallieni à Saint-Louis et l'attacha à la direction des affaires politiques dont le directeur était un vieux sénégalais, le capitaine d'infanterie de marine Boilève.

La direction des affaires politiques était l'organe qui faisait sentir, hors du chef-lieu, l'action du pouvoir central, par l'intermédiaire des commandants de cercles et de postes (tous officiers). La direction des affaires politiques avait la haute main sur toutes les relations avec les indigènes; l'exercice des fonctions des officiers qui y étaient attachés exigeait une connaissance approfondie des mœurs, des coutumes, de l'histoire particulières à chaque groupement ethnique ou administratif. Souvent il était nécessaire qu'un de ses officiers, délégué par le gouverneur, se rendît dans l'intérieur pour régler sur place des conflits pendants entre les chefs indigènes.

C'est un événement de cet ordre qui, au début de 1878, me fit entrer à la direction des affaires politiques. Je venais d'arriver

(1) La colonie reconnaissante a élevé, à Brière de l'Isle, une statue à Saint-Louis.

au Sénégal, frais émoulu de Saint-Cyr depuis un peu plus d'un an, et j'avais été désigné pour servir au bataillon de tirailleurs sénégalais. Le service était peu pénible, les loisirs l'étaient davantage et j'envisageais sans enthousiasme le fait, que cette vie dénuée d'intérêt devrait se prolonger un an au moins, le gouverneur n'acceptant pas, qu'avant ce temps, un jeune officier pût être appelé au commandement d'un poste; mesure logique dont il n'est pas besoin de développer davantage la sagesse.

Le Directeur des affaires politiques avait été appelé, pour une mission qui se prolongeait, dans les rivières au sud de Dakar; il était d'ailleurs spécialiste en toutes questions s'y rapportant. Gallieni, se trouvant seul, fit valoir au gouverneur les inconvénients de cette situation. Il me proposa comme adjoint. Je fus accepté.

Depuis un mois environ, j'étais le collaborateur de Gallieni qui venait de recevoir son troisième galon, lorsque le capitaine Boilève rentra et reprit la direction. Gallieni me présenta; la réception fut fraîche; à peine mon chef, assez atrabilaire de nature, me regarda-t-il, et de suite : « Je ne sais comment vous êtes entré ici, je ne vous ai pas demandé » et, me désignant une grande pièce en contre-bas du bureau directorial, il ajouta : « Désormais vous resterez dans ce bureau, là sont les archives qui n'ont pas été classées depuis 1817; vous les classerez. »

Les archives remontaient en effet à l'époque où le colonel Schmaltz, nommé gouverneur du Sénégal en 1816, après que les Anglais nous eurent rendu la colonie en 1814, vint prendre possession de son poste à bord de la *Méduse* de tragique mémoire. Le gouverneur avait pu gagner la côte dans une des embarcations du navire.

Je me mis au travail qui m'était imposé, mais je dus constater de suite, à ma grande joie, que les archives étaient en ordre parfait; seul le répertoire était à établir. Avant de procéder à cette besogne, je commençai la lecture des dossiers, et bientôt ce fut avec passion que je poursuivis mes investigations qui gagnaient chaque jour en intérêt. Il faut dire que la période de stagnation imposée à la colonie depuis 1870, succédant au contraire à l'activité débordante qui avait marqué les gouvernements du général Faidherbe, de l'amiral Jauréguiberry, du colonel Pinet Laprade, avait creusé un véritable fossé entre le passé et le présent; dans ce fossé l'histoire était demeurée ensevelie. Or ce passé relégué dans l'oubli avait été fertile, fécond; l'œuvre de Faidherbe en particulier tenait du prodige.

Faidherbe, jeune chef de bataillon du génie, avait succédé en 1854 à un gouverneur éminent, l'amiral Protet, dont il avait été le collaborateur. Nanti de la confiance du Gouvernement impérial, Faidherbe conçut et mena à bonne fin l'entreprise de faire régner la paix dans l'immense domaine constitué par le bassin du bas Sénégal et les rivières qui au sud de Dakar s'étendent jusqu'aux confins de la colonie anglaise de Sierra Leone. Cette pacification nécessita de nombreuses colonnes expéditionnaires ayant pour but d'affranchir les populations paisibles des incursions de leurs voisins avides et pillards, tels les Maures de la rive droite du Sénégal qui furent rejetés au delà du fleuve, ou de mettre les escales (stations commerciales), à l'abri des vexations des chefs indigènes, et enfin de favoriser l'accession au commandement des groupements ethniques des chefs qui semblaient le plus aptes à maintenir avec nous de bonnes relations d'amitié. Au cours d'une première période de huit années, Faidherbe réalisa ce programme que son successeur, l'amiral Jauréguiberry, continua de 1862 à 1864; enfin, de retour en 1864, Faidherbe put parachever son œuvre. En 1866, quand il quitta définitivement le Sénégal, le général Faidherbe laissait la Colonie complètement pacifiée et organisée; elle n'attendait plus que l'administrateur éclairé qui, dégagé des soucis de la préparation du terrain, devait l'ensemencer, le mettre en état de produire d'abondantes moissons. Ce fut le rôle de Brière de l'Isle.

Il fallait créer l'outillage économique qui devait favoriser la mise en valeur des ressources de notre immense domaine. C'est sur ce point particulier que la lecture des archives m'apporta une révélation, inattendue pour moi, insoupçonnée de tous. Faidherbe,

Jauréguiberry, Pinet Laprade avaient pacifié, aussi ils avaient prévu non seulement dans les grandes lignes mais dans tous les détails alors accessibles, les grands travaux qui devaient assurer le développement économique de la colonie. Parmi les projets étudiés dont je fis la découverte, je signalerai ceux ayant trait à l'aménagement de la barre du Sénégal pour la rendre praticable en tout temps; les projets de barrages à établir sur le Sénégal pour le rendre navigable aux basses eaux; les projets d'adduction d'eau, et solidairement les projets d'irrigation de terrains, les tracés de routes, etc. Tous les grands travaux indispensables existaient à l'état d'études complètes avec plans et cartes à l'appui; la guerre de 1870 avait tout arrêté et l'oubli s'était fait au point que l'existence même de cet immense labeur accumulé prit le caractère d'une révélation.

Mais ces colonnes expéditionnaires, l'élaboration de ces projets s'étaient accompagnés de voyages d'exploration, de prospection, qui avaient multiplié les contacts avec les populations indigènes et fait la lumière sur les questions complexes de races, de mœurs, de civilisation. Egalement, par l'action politique de nos chefs de postes, nous avions eu à prendre connaissance, à régler souvent bien des conflits entre les chefs indigènes soumis à notre domination; d'aucuns de ces règlements étaient restés en suspens quand vint l'heure de la stagnation. Les archives présentaient une documentation inestimable sur les populations indigènes et nos relations avec elles.

Aiguillonné par le désir d'apprendre, je compulsai, avec un intérêt grandissant, les trésors qui s'offraient à mon investigation, sans me rendre compte que le jour était proche où toute cette documentation patiemment accumulée, fruit du labeur persévérant de nos illustres devanciers, allait être, pour leurs successeurs, une mine féconde où ils puiseraient les éléments d'une action ordonnée, parce que bien préparée.

Je faisais part à Gallieni de mes découvertes et nous nous entretenions chaque jour des questions intéressantes qu'elles soulevaient. Mais nous étions encore, au début de 1878, loin de soupçonner qu'un an et demi après, une activité fébrile allait succéder à la morne torpeur du présent. Aussi nos dissertations révêtaient-elles un caractère platonique et se terminaient-elles par le regret, souvent exprimé, de n'avoir pas vécu en ces temps où nos chefs avaient pu acquérir, par une pratique constante, une connaissance approfondie de la conduite des hommes et des événements.

Je n'ai pas besoin de dire que la besogne aride du répertoire n'était guère l'objet de mes soins, je m'étais d'ailleurs arrêté à l'idée de ne l'entreprendre qu'après avoir terminé la lecture des dossiers. Et quand cette heure sonna, je fus détourné de mes intentions, dans des conditions que je vais rapporter, si bien que l'inventaire des archives se réduisit seulement à ma documentation personnelle.

Un mois s'était écoulé, j'avais tout lu; notre directeur fut appelé à entreprendre une nouvelle mission prolongée. Gallieni assuma l'intérim de la direction, je repris place à ses côtés, abandonnant les archives à leur repos un instant troublé.

Mais quelques jours après, Gallieni fut envoyé en mission pour le règlement d'une affaire délicate dans le fleuve. Je fus chargé à mon tour de l'intérim de la direction.

Ce n'était pas sans une appréhension terrible, l'expression n'a rien d'exagéré, que j'envisageais la collaboration directe avec le « Bouroum N'Dar (1) », dénomination indigène du Gouverneur, auquel nous donnions assez volontiers ce titre entre nous. Brière de l'Isle, gros travailleur, n'avait pas l'humeur facile, il était peu patient, et ne donnait pas aisément sa confiance.

Le lendemain de ma prise de service arrivèrent deux chefs indigènes importants; l'un, grand chef du Oualo : Yamar M' Bodj, avait été élevé à l'école des Otages, il était jeune, aimable, parlant très bien le français; l'autre, Gonon, était un vieux chef peuhl, ancien guide de Faidherbe dans ses expéditions. Ils venaient dans l'espoir de faire régler un litige qui les divisait, eux et leurs familles, depuis de nombreuses années et qui restait

(1) Chef de Saint-Louis.

en suspens parce que l'administration d'un jugement équitable eût nécessité des indications précises qu'il était impossible d'obtenir d'eux, leur mentalité étant déformée par une longue période de récriminations violentes, de discussions stériles. Cette affaire avait été, à diverses reprises déjà, évoquée tant auprès du directeur que du Gouverneur et jamais solution acceptée par les parties n'avait pu intervenir.

Lorsque, pour ma prise de contact, je fis part au gouverneur de la présence des deux chefs, à un premier geste de mauvaise humeur succéda une violente colère, qui s'exhala sous cette forme : « Et que peut votre inexpérience pour m'aider? Si encore Gallieni ou Boilève étaient ici... »; puis après un moment de réflexion : « D'ailleurs je confesse qu'ils seraient aussi impuissants que vous-même. Ce n'est pas d'aujourd'hui que ce conflit regrettable nous obsède! »

Je pris alors timidement la parole pour dire que des éléments d'information précis existaient qui permettraient d'arriver peut-être à une solution. A cette ouverture, je fus gratifié d'un regard fulgurant de l'irascible Bouroum, suivi d'une apostrophe virulente : « Impertinent, prétentieux, sortez! »

Je retournai à mon bureau et rédigeai immédiatement une note condensant les pièces d'un dossier trouvé dans les archives; c'était un des règlements en suspens dont j'ai parlé. Je portai cette note au Gouverneur qui de mauvaise grâce se décida à la lire, mais dont la figure se dérida soudain : « Et vous avez les pièces! » Je ne fis qu'un bond, je rapportai le dossier. En quelques minutes, en présence des chefs intéressés, dont la mémoire se rafraîchit à mesure que les preuves furent développées, la grande question fut réglée à leur mutuelle satisfaction.

Plus tard, et j'aurai à y faire allusion, la reconnaissance de ces deux chefs, qui devinrent pour moi des amis fidèles, se manifesta sous la forme du plus absolu dévouement.

Le hasard voulut qu'au cours de mon intérim de huit jours, deux graves questions fussent résolues grâce à la connaissance que je possédais des archives. Mon gouverneur me prit dès lors, malgré mon jeune âge, en considération et à compter de ce jour, il ne voulut à la direction que Gallieni et moi. Pendant deux ans nous collaborâmes étroitement : quand l'un était dehors, l'autre était à Saint-Louis et réciproquement.

Cette collaboration se doubla d'une amitié durable, laquelle se renforça à l'épreuve de l'adversité. En 1878 éclata une terrible épidémie de fièvre jaune; Gallieni était en mission dans le fleuve; il y fut bloqué par une mesure de quarantaine destinée à préserver le chef-lieu, mesure chimérique d'ailleurs, car Saint-Louis fut également atteint par le fléau. Resté à la direction, je fus terrassé à mon tour et force me fut d'utiliser le logement de Gallieni, dont j'avais la clé, pour me faire soigner. Devant l'inéluctable nécessité, car j'étais resté seul valide au Gouvernement, on dut lever la quarantaine pour faire rentrer Gallieni. Mon pauvre ami, fort éprouvé lui-même, avait grand besoin de repos; il me trouva couché dans son lit. Stoïquement, il jeta un matelas dans la chambre pour lui-même et me soigna jusqu'à guérison. On peut comprendre que de tels souvenirs, de tels témoignages d'affection aient pu créer entre nous des liens que la mort de mon illustre ami seule a déliés.

Gallieni était une nature très complexe; à l'ordinaire méditatif et renfermé, il avait par moment des fusées de gaité irrésistibles. En général il était sérieux et réservé; sa réserve était même ombrageuse au point que les fréquentations mondaines lui étaient désagréables. Travailleur infatigable, son labeur au Gouvernement, très absorbant cependant, ne lui suffisait pas; il employait son temps libre et toutes les heures de sieste à augmenter ses connaissances de toute nature, mais surtout militaires et linguistiques. Il rédigeait un journal alternativement en français, allemand et italien.

Je participais à sa vie; il développa en moi, par l'exemple, des habitudes de travail que je n'ai jamais perdues. Mais je n'écrivis le journal de ma vie qu'au cours de mes explorations.

De longues années après, aux jours les plus sombres de la

grande guerre, quand le service rapprochait l'un de l'autre le Gouverneur militaire de Paris ou le Ministre de la Guerre général Gallieni, et le chef d'Etat-major de la Place de Paris, l'entretien ne se terminait jamais sans un « t'en souviens-tu? » évocateur des souvenirs des jours de luttes, de souffrance, de joie aussi de nos jeunes années, ardemment consacrées au service et à la grandeur de la France d'outre-mer.

Vers avril 1878 arrivait à Saint-Louis, venant de Dakar, à dos de chameau, un explorateur qui jusque-là s'était consacré à la prospection du Sud Algérien, c'était Paul Soleillet. Il était dans la force de l'âge, portait une grande barbe noire et affectait un maintien digne qui s'alliait à une grande sobriété de paroles. Ces dehors imposants masquaient une absence presque totale d'instruction; son bagage à dire vrai se composait d'une certaine connaissance de l'arabe parlé et d'une pratique des voyages sahariens. Mais les dehors m'impressionnèrent d'abord; il venait, sans aucune ressource, pour entreprendre, par le Soudan, d'atteindre le Niger puis Tombouctou et de cette ville, il prétendait devoir rentrer à la côte par le Sahara. Je m'attachai à intéresser à sa cause; j'y réussis; il trouva une douzaine de mille francs tant auprès de l'administration locale que de la mairie de Saint-Louis et il accepta que je prisse le soin de lui organiser sa mission. Il avait une manière à lui de témoigner la plus parfaite indifférence pour les détails de cette préparation, si capitale pourtant, qu'il laissait à l'initiative d'un novice, et cette placidité n'était pas sans provoquer ma stupéfaction.

Enfin je le conduisis à bord de l'aviso sur lequel il devait remonter la section navigable du fleuve et au dernier moment, je lui proposai de l'accompagner. « Jamais, me dit-il; avant huit jours nous aurions l'un et l'autre le revolver à la main. Mais, ajouta-t-il, je veux reconnaître l'aide que vous m'avez si gracieusement donnée et je le ferai par un conseil. Vous avez le tempérament d'explorateur, vous le deviendrez certainement, *ne voyagez jamais à deux*. Adieu! »

Je ne pouvais pressentir alors combien ce conseil était judicieux; je ne le reconnus que plus tard et pour ne pas l'avoir pratiqué. Soleillet rentra à Saint-Louis, un an après environ, au début de 1879: il n'avait pas réussi, il regagna la France.

J'en terminerai de suite avec la personnalité de Paul Soleillet. Moins d'un an après, au début de 1880, et nous allons voir ci-après, que les événements avaient marché d'un train d'enfer en cette courte période, Soleillet revenait au Sénégal. Ce n'était plus le besogneux de la veille, c'était Paul Soleillet, ingénieur géographe, chargé d'une mission officielle dotée de subsides importants. Sa mission devait consister à relier par le Sahara occidental les rives du Sénégal au Maroc. Après une absence de deux mois environ je reçus un courrier, il me signalait qu'il avait été pillé et me demandait de lui faciliter le retour. A la suite d'incidents inutiles à relater, Paul Soleillet rentra en France et ne reparut plus au Sénégal. Mais pour la vérité historique, ses tentatives d'explorations ne pouvaient pas ne pas être signalées.

L'IDÉE DU TRANSSAHARIEN
ET LE PROJET DE LA PÉNÉTRATION AU NIGER.

En 1879 l'opinion publique fut brusquement orientée vers une idée assez utopique en elle-même, imprécise dans sa réalisation, vague dans les conséquences qui pouvaient en surgir, mais qui, en raison même de toutes ces données, assez chaotiques, passionna les masses et détermina une action gouvernementale quasi instantanée.

Le philosophe qui voudrait chercher les causes profondes de cet emballement spontané de tout un peuple pour un projet qui ne reposait sur aucune base sérieuse ou bien étudiée, devrait faire état de cette période de dépression, de stagnation muette, qui suivit la guerre de 1870. Peu à peu cependant l'œuvre de reconstruction, silencieusement mais avec ténacité poursuivie, avait développé un état d'équilibre stable qui fut réalisé vers cette année 1879.

Dès lors, la France, énervée de cette période d'inaction prolongée, était impatiente de manifester, par des actes, qu'elle avait reconquis la pleine possession de sa force. Lasse de végéter, repliée sur elle-même, elle attendait l'occasion de témoigner, à la face du monde, que son esprit, enfin libéré du cauchemar angoissant des tristesses de la veille, était capable de concevoir et de poursuivre, en toute sérénité, de grandes entreprises.

C'est à cette heure où l'avide désir d'action était à son paroxysme que naquit le projet du chemin de fer transsaharien.

Les causes de la séduction, qu'exerça immédiatement ce projet, doivent être recherchées dans l'imprécision même qui était la caractéristique des buts à atteindre et des voies et moyens à mettre en œuvre pour y parvenir.

Le but, c'était de relier l'Algérie aux contrées *inconnues* du centre Afrique, à travers le Sahara lui-même *inconnu;* c'était d'attirer vers la Méditerranée les richesses *inconnues*, parce que non prospectées, des vastes contrées du Soudan. Le moyen, c'était la construction d'une voie ferrée de 3.000 kilomètres, se développant au travers de régions désertiques, sans eau, destinée à relier Alger à Tombouctou, porte de l'Afrique centrale. Tombouctou avait la réputation d'être à la fois un marché immense, et une cité où florissaient la civilisation et la littérature musulmanes. Or Tombouctou était une ville morte, sans marché, sans rayonnement intellectuel.

Tout était en réalité aussi mystérieux dans le but que dans les moyens de l'atteindre, mais c'est le mystère qui toujours passionne les foules, ainsi s'explique l'engouement dont le Transsaharien fut l'objet.

Constatons qu'à plus de quarante ans de distance, alors que tout le Soudan a été prospecté, occupé, que les confins algériens ont été poussés jusqu'à la limite du désert, à In-Salah, le projet du Transsaharien, très étudié désormais, demeure accroché, parce que son utilité pratique reste contestable.

Mais en 1879 le mysticisme qui entourait son enfantement assura son succès. Immédiatement une commission, dite du Transsaharien, fut créée au ministère des Travaux Publics, laquelle décida de l'organisation d'une mission d'études et de prospection; ce fut la première mission Flatters. Elle n'eut qu'un succès relatif, mais fut bientôt suivie d'une seconde, dont l'issue tragique est dans la mémoire de tous. Devant cet insuccès s'effondra la chimère qui avait suscité tant d'espoirs. Pendant longtemps il ne fut question ni de transsaharien ni même de Sahara.

Les grands progrès humains sont souvent la conséquence d'entreprises initiales avortées; les savants ont coutume de dire que les grandes découvertes sont presque toujours issues d'erreurs de calculs, ou d'expériences engagées sur des données inexactes. Tel fut le rôle inattendu du projet du Transsaharien. De cette chimère sortit la grande œuvre coloniale de la fin du XIXe siècle, qui devait doter la France de son merveilleux empire africain.

L'un des ministres de l'époque, qui suivit dans le conseil des ministres et au sein de la commission les discussions du projet, était l'amiral Jauréguiberry, ministre de la Marine, ancien gouverneur du Sénégal. En cette dernière qualité il avait présente à l'esprit la mission que le général Faidherbe avait autrefois, en 1864, envoyée jusqu'aux bords du Niger, auprès du sultan de Ségou. La mission Mage et Quintin avait pour instructions de lier avec le sultan des relations d'amitié qui auraient ouvert à notre commerce les territoires qui dépendaient de son autorité entre Sénégal et Niger, elles devaient faciliter, à ce même commerce, l'accès du Niger dans la direction de Tombouctou.

La mission Mage n'avait pas obtenu satisfaction; toutefois elle avait été honorablement traitée par le sultan Ahmadou et avait pu en toute sécurité revenir à Saint-Louis.

Mais le projet, avorté à l'époque, pouvait être repris et sa réalisation nous permettrait, par des territoires peuplés et susceptibles d'acquérir une valeur économique, d'atteindre la cité mystère : Tombouctou. Or, Tombouctou c'était le point fascinant du projet du Transsaharien. Y parvenir était le but, les moyens ne pouvaient importer, c'est en effet ce que nous enseignera l'avenir.

Sur ce projet précis, l'amiral Jauréguiberry pressentit le Gouverneur du Sénégal par une dépêche ministérielle de la fin de juillet 1879. Dans cette dépêche le ministre invitait le gouverneur à établir un plan de campagne qui aurait pour objet de joindre le dernier point navigable du Sénégal aux eaux navigables du Niger. La solution du problème comportait donc l'utilisation de deux voies fluviales reliées par une ligne ferrée pour atteindre Tombouctou; c'était logique et pratique à la fois, puisque la voie ferrée devait créer dans les régions peuplées qu'elle traverserait un développement économique qui assurerait son trafic.

Comme à cette heure la France avait la hantise de l'action, le ministre demandait au gouverneur de lui faire tenir des propositions définitives par retour du courrier, soit à quinzaine.

A ce moment, Gallieni était absent de Saint-Louis pour un temps assez long encore; j'étais directeur intérimaire. Le gouverneur me communiqua la dépêche ministérielle; mais le problème qui y était formulé n'était simple qu'en apparence. Par le projet ministériel la communication n'était réalisée qu'aux hautes eaux du Sénégal, soit pendant quatre mois de l'année à peine; il fallait donc, pour la rendre utilisable en tout temps, ou aménager le cours du Sénégal au moyen de barrages limitant des biefs navigables, ou prévoir une voie ferrée joignant directement Saint-Louis à Khayes, le dernier point qu'on pouvait atteindre aux hautes eaux.

D'autre part, que ce fût par le fleuve ou par la voie ferrée, le point de départ était Saint-Louis. Or le chef-lieu de la colonie quoique situé à l'embouchure du Sénégal, était isolé de la haute mer par une barre sujette à des déplacements journaliers, et impraticable pendant près d'un tiers de l'année. L'entrée n'en était possible que pour des navires de trois mètres de tirant d'eau au maximum, par le plus beau temps.

Il importait de reporter à Dakar le point de départ de la voie de pénétration vers le Niger, il fallait donc prévoir la construction du chemin de fer Saint-Louis-Dakar. D'ailleurs cette voie ferrée s'imposait pour le développement économique du Sénégal et aussi pour la pacification définitive du Cayor. Le Gouverneur projetait d'insister particulièrement pour que la concession immédiate en fût donnée à une compagnie privée, car la mise en valeur des territoires qu'elle devait traverser assurerait la rémunération des capitaux engagés, prévision qui se réalisa au-delà de toutes les espérances qu'on pouvait, à l'époque, concevoir.

Les grandes lignes du projet étant ainsi complétées, le Gouverneur se réserva d'étudier, avec ses chefs de services compétents, le plan de campagne d'exécution fixé à cinq années; il me chargea des parties géographique, historique et politique du rapport. La connaissance des archives facilita ma tâche.

Au prix d'un labeur acharné, le rapport complet put partir par le courrier indiqué. Le plan de campagne, du point de vue de l'étude et de la construction de la ligne ferrée Khayes-Niger, devait s'échelonner sur cinq années. On ne pouvait songer à attaquer la ligne que par Khayes, c'était donc par avancement progressif que l'on comptait atteindre le Niger. La direction des travaux devait être confiée à l'autorité militaire, car il était escompté qu'il faudrait protéger les travailleurs et vaincre aussi les résistances que ne manquerait pas de fomenter le Sultan de Ségou parmi les populations qui dépendaient de lui, la ligne devant traverser sur presque tout son parcours les territoires qui relevaient de son autorité.

La colonie enfin n'était en communication avec la métropole que par les deux courriers mensuels de l'Amérique du Sud qui faisaient escale à Dakar; il n'existait pas de ligne télégraphique sous-marine. En cas d'extrême urgence on détachait l'aviso de la colonie pour porter un câblogramme au câble anglais qui touchait aux îles Saint-Vincent (Cap Vert). Le projet, pour faire cesser cet isolement, comportait aussi l'immersion d'un câble entre les îles Saint-Vincent et Dakar.

Tel est dans ses grandes lignes le projet qui fut envoyé à Paris en août 1879.

Par le premier courrier de septembre, le ministre approuvait sans réserve les propositions de Brière de l'Isle, et mettait une somme de 500.000 francs à la disposition du budget de la Colonie pour l'envoi des premières missions de prospection.

MISSIONS PRÉLIMINAIRES.

La première mission fut organisée sous la direction de Gallieni auquel on adjoignit le lieutenant Vallière et le sergent Plaigneur, tous deux de l'infanterie de marine, pour les levés topographiques. Cette mission était chargée de la prospection du premier tronçon de la voie ferrée à établir entre Khayes et Bafoulabé sur la rive gauche du Sénégal. La région que devait traverser la mission relevait de chefs indigènes dont la dépendance vis-à-vis du Sultan de Ségou était contestable, on pouvait donc s'affranchir de négociations préalables avec ce dernier, dont les frères, établis à Kouniakary et Nioro, sur la rive droite du Sénégal, ne mirent d'ailleurs aucun obstacle aux travaux de la mission.

A Bafoulabé la ligne ferrée devait traverser le fleuve Sénégal, dénommé Bafing, pour se développer en entier dans des régions habitées par des populations Malinkés et Bambaras soumises à l'obédience directe d'Ahmadou. Aussi, avant d'entreprendre une étude détaillée sur le terrain, devenait-il indispensable de pressentir le puissant chef Toucouleur afin d'obtenir, si possible, son acquiescement préalable, et de régler de concert avec lui le régime futur sous lequel devaient être placés ces territoires. Ce fut l'objet d'une deuxième mission dirigée également par Gallieni et dont je parlerai ci-après.

Pendant la première mission de Gallieni, septembre-octobre 1879, le gouverneur qui, par sa connaissance du fleuve et des études qui existaient déjà pour le rendre navigable en tout temps, était sceptique sur la réalisation de semblable projet, entreprit d'envoyer une mission qui étudierait superficiellement le terrain, pour le tracé éventuel de la ligne directe Saint-Louis-Bakel, tracé qui suivrait la corde de l'arc formé par le fleuve entre ces deux points.

Un obstacle naturel régnait sur la plus grande partie de ce tracé, désigné, sur la seule carte que possédait la Colonie à cette époque (carte que Mage avait dressée en 1866 après son voyage à Ségou), par la mention : *Ferlo ou désert sans eau.* Cette dénomination s'appliquait aux deux tiers environ de la distance totale entre le lac de Guiers et la rivière Falémé, affluent de la rive gauche du Sénégal, qu'elle joint un peu en amont de notre poste de Bakel. Des voyageurs, tels Mollien au début du siècle et de Beauford, s'étaient bornés à contourner cette région et pour cette cause on la considérait comme infranchissable.

Pour me récompenser du concours que je lui avais apporté dans l'élaboration du plan de campagne, le Gouverneur me confia le commandement de cette mission. Mon escorte se composait de dix tirailleurs et de quatre spahis; on engagea des chameliers pour le transport des bagages au travers de la région désertique, et le Gouverneur me laissa le soin de choisir un second parmi les officiers de la garnison du chef-lieu.

J'avais été nommé lieutenant dans des conditions un peu exceptionnelles, prenant ainsi une avance marquée sur les camarades de ma génération. Je crus bien faire de pressentir, pour m'accompagner, un de mes camarades de promotion de Saint-Cyr, encore sous-lieutenant, avec la pensée que le succès de la mission, que je ne mettais pas en doute, aurait une influence déterminante sur sa promotion au grade supérieur. Quand je vins communiquer au gouverneur le nom de l'adjoint que je désirais, il l'accueillit avec une réserve non déguisée.

Aussitôt que Gallieni fut de retour et put reprendre la direction des affaires politiques, je hâtai mes derniers préparatifs. Tout à coup, à la veille du départ, mon second pris d'une crise violente de coliques néphrétiques entre à l'hopital. Je viens en hâte informer le gouverneur qui s'écrie : « Veinard! Choisissez de suite un autre officier et partez. » Je ne l'entendais pas ainsi;

le médecin m'avait dit que la crise de mon ami se résoudrait en peu de temps, j'insistai pour un répit de vingt-quatre heures. Alors le gouverneur très paternellement me dit : « Mais ne comprenez-vous pas, jeune homme, que le sort vient de mettre à néant une combinaison, généreuse certainement, mais qui peut entraîner l'échec de votre mission. Vous avez sur votre camarade le prestige du grade, bien faible ici même, mais demain, dans la brousse, ce prestige subsistera-t-il quand, aux prises avec des difficultés, vous trouverez en face de vous un homme de même niveau intellectuel et qui voudra avoir son avis et le défendre parce que le sort de l'expédition sera en cause? Croyez-moi, suivez l'indication du destin et choisissez de suite un autre collaborateur, moins près de vous! »

Le conseil de Soleillet me revient en mémoire, cependant j'insistai; le gouverneur m'accorda le répit demandé. Nous partions deux jours après.

Et comme dans la vie l'expérience des autres ne sert de rien, je devais faire la mienne propre. Dans le Ferlo, pays habité, j'eus des démêlés très sérieux avec un chef important qui prétendait me barrer la route. Après des négociations orageuses, je pris vis-à-vis de cette homme une décision qui lui fit quitter mon camp en proie à une violente colère. C'était la situation escomptée par moi et j'attendais heureuse issue de cette crise. Mais mon second, qui, n'ayant jamais eu aucun contact avec les indigènes, ignorait leur mentalité, me fit une sortie violente, déclarant que j'étais libre de jouer ma vie propre, mais que dans l'occurence c'était vouer à un destin fatal lui-même et ceux qui nous accompagnaient.

Je dus prendre une mesure rigoureuse contre mon second révolté, ce qui me fut possible parce que j'avais une escorte militaire à ma dévotion et que mes indigènes, mieux que mon camarade, avaient pu pénétrer mes desseins; mais, si nous eussions été seuls en face l'un de l'autre, la prédiction de Soleillet se fût réalisée, nous aurions mis tous deux le revolver à la main.

Deux heures après, mon acte d'énergie portait ses fruits, mon antagoniste indigène venait à résipiscence, et ce fut pour mon second, auquel je pardonnai son incartade, l'occasion de confesser ses torts.

J'insisterai sur les débuts de ma mission parce qu'ils eurent une influence heureuse sur le terrain politique.

J'ai dit l'importance que le Gouverneur attachait avec juste raison à la construction du chemin de fer Saint-Louis-Dakar. Cette ligne traversait, sur la plus grande partie de son parcours, une contrée en bordure de la mer, s'étendant jusqu'à 60 kilomètres environ dans l'intérieur, appelée le Cayor. Ce pays présentait donc une importance particulière par sa situation entre le Sénégal proprement dit et Dakar. Par tous les moyens, nombreuses colonnes expéditionnaires comprises, imposées par la nécessité de refréner les instincts pillards de ses chefs qui s'exerçaient contre les banlieues de nos villes de la côte, nous avions tenté de faire rentrer cette vaste contrée dans notre sphère d'influence directe, sans y réussir à notre gré. A la suite d'une dernière colonne, en 1875, nous avions fondé deux postes d'observation établis aux confins nord et sud, Louga et Thiès, et un petit poste sur le territoire même du Cayor, M' Bidjem. Nous avions reconnu Lat Dior pour Damel, roi héréditaire du pays, et il s'était établi des relations hybrides qui facilitaient aux gens du Cayor le voyage de Saint-Louis, mais ne comportaient pas pour nous des avantages de réciprocité. Un courrier à dos de chameau transportait la correspondance pour la France de Saint-Louis à Dakar, quand la barre du fleuve à Saint-Louis était impraticable, mais ce courrier ne pouvait s'éloigner de la côte. En résumé les relations avec le Cayor étaient précaires et ne marquaient pas de symptômes d'amélioration.

Pour faire passer une mission d'études, le gouverneur se rendait compte qu'il faudrait de laborieuses négociations, mais ces difficultés n'étaient rien auprès de celles qu'il faudrait vaincre pour obtenir la concession du terrain et passer ensuite à l'exécution.

A la veille de mon départ de Saint-Louis, arriva un jeune homme porteur de lettres écrites par les chefs influents du Cayor, qui, révoltés contre l'autorité de leur Damel, demandaient notre concours pour le déposer à cause des exactions nombreuses qu'il ne cessait de commettre. Grande fut la perplexité du gouverneur. Convenait-il de prendre parti pour les dissidents? C'était alors une colonne expéditionnaire qu'il fallait envoyer et le gouvernement de la métropole ne donnerait pas son assentiment. D'autre part que sortirait-il de notre action même victorieuse? Un état chaotique entretenu par les rivalités des chefs, d'où la nécessité d'une occupation permanente et onéreuse.

Après réflexion le gouverneur pensa qu'il était de meilleure politique de consolider la situation de Lat Dior, en apaisant les ressentiments des dissidents, et d'obtenir pour prix de notre concours un traité assurant le passage de la voie ferrée. Le gouverneur me chargea de faire une réponse dilatoire, qui réserverait l'avenir, en attendant qu'on pût trouver un moyen pratique de donner une aide efficace au Damel.

Je partis sur ces entrefaites; en quelques jours j'atteignais Mérinaghen, centre de commandement de mon ami Yamar M'Bodj dont j'ai déjà parlé. Je fus admirablement reçu par lui et le lendemain son ennemi de jadis, le chef peuhl Gonon, arrivait pour me saluer.

De concert avec ces collaborateurs dévoués, nous mîmes sur pied l'itinéraire que je devais suivre pour aborder le Ferlo, et il fut arrêté que le point d'accès de la route de l'Est étant Korkhol, qui relevait du roi du Djoloff, il importait de me rendre dans la capitale du pays, Yangyang, mes deux amis m'y accompagneraient.

L'accueil que me fit le roi Aly Boury sur la présentation de Yamar et de Gonon fut enthousiaste, et immédiatement mes relations avec ce chef à l'esprit très ouvert, en même temps que très énergique, furent des plus cordiales. Je tentai de mettre la conversation sur ses relations vis-à-vis du Cayor, avec lequel ses Etats avaient une frontière commune (le Djoloff bordait en effet le Cayor à l'est), je me gardai toutefois de faire allusion aux dissentions intestines qui divisaient le pays; je n'obtins que des réponses évasives. Je n'avais pas d'ailleurs à ce moment de plan bien déterminé, lorsque dans la foule qui entourait les cases du chef et ma tente j'aperçus, se dissimulant, l'homme qui m'avait apporté, à Saint-Louis, la lettre des chefs dissidents du Cayor. Ce fut un éclair; les dissidents venaient donc rechercher l'aide d'Aly Boury. Je mis aussitôt Yamar et par lui Gonon au courant de la situation et j'arrêtai immédiatement le projet d'amener Aly Boury à faire, sur ses frontières, une manifestation en faveur de Lat Dior. Rapidement les négociations menées avec Aly Boury aboutirent. Les chefs rebelles ne pouvant plus escompter aucun concours d'Aly Boury, si nous-mêmes nous manifestions par une action coordonnée, avec celle de ce dernier, notre volonté de soutenir Lat Dior, la partie était gagnée. Je pris date avec Aly Boury pour faire coïncider les deux actions, assumant ainsi une initiative qui, j'en était sûr, correspondait aux intentions du gouverneur et j'expédiai immédiatement à Saint-Louis un courrier rapide porteur de mon rapport et d'une lettre d'Aly Boury au gouverneur.

Je partis le lendemain pour Korkhol, accompagné de Gonon, laissant Yamar surveiller l'exécution et attendre les instructions du gouverneur.

L'affaire eut l'issue prévue. Le gouverneur délégua le directeur Boilève escorté de deux compagnies auprès de Lat Dior, pendant qu'Aly Boury massait ses troupes à la frontière du Cayor. L'autorité de Lat Dior fut confirmée et en échange nous obtenions, au début de 1880, le traité de concession de la voie ferrée, dont les études commencèrent aussitôt.

Gonon m'avait accompagné à Korkhol, il me trouva de bons guides peuhls. Les renseignements que je pris sur place, confirmant ceux obtenus déjà à Yangyang, étaient que le Ferlo était un pays fertile parsemé de nombreux villages habités par des Peuhls et des Toucouleurs. Entre le Djoloff et le Ferlo s'étendait une zone d'une centaine de kilomètres à peine, inhabitée, sorte de marche frontière, destinée à préserver les pays limitrophes des querelles qui auraient pu naître entre villages trop rapprochés habités par des indigènes de races différentes. Cette zone ne différait pas des nombreuses autres que je devais trouver, plus tard, au cours de ma traversée de Saint-Louis au Tchad.

La légende du « désert sans eau » s'effondrait, à ma grande satisfaction. La voie ferrée se présentait dans des conditions d'exécution facile. L'eau se trouvait partout dans des mares et des puits, ceux-ci souvent profonds, il est vrai.

Gonon, malgré son grand âge, dans le dessein de m'être utile, et il le fut, m'accompagna jusqu'à Bakel. Lorsque le lendemain de l'arrivée, je le fis chercher pour le remercier, il était reparti.

Des dévouements aussi complets et désintéressés que ceux de mes amis noirs Yamar et Gonon méritaient d'être mis en relief, car ils sont révélateurs de qualités morales que bien des civilisés pourraient envier.

Je rentrai à Saint-Louis par le fleuve; au débarcadère, le 1er février, je trouvai Gallieni qui m'avisa de suite que je reprendrais la direction des affaires politiques le lendemain, à cause de la proximité de son départ qui eut lieu le 8 février. La mission, outre son chef, comprenait Vallière, lieutenant d'infanterie de marine, Pietri, lieutenant d'artillerie de marine, Bayol, médecin de 1re classe et Tautain, médecin auxiliaire de la marine. Bayol devait rester à Bamakou comme premier résident de France.

L'escorte de tirailleurs et de spahis indigènes était en grande partie composée de Bambaras.

Les instructions à la mission donnaient Ségou comme aboutissement; et au Sultan, Gallieni devait remettre de très importants cadeaux. En cours de route, entre Bafoulabé et Ségou, le chef de mission était invité à conclure des traités avec les chefs locaux pour assurer la construction de postes et le passage de la ligne ferrée.

Or, les populations entre Sénégal, au delà de Bafoulabé, et Niger étaient sous la dépendance directe d'Ahmadou ou de ses frères fixés à Kouniakary et Nioro. Les populations Malinkés ou Bambaras, races aborigènes, subissaient donc le joug des Toucouleurs, race des conquérants. Il faut faire état de cette situation pour comprendre comment la mission, stimulant par sa présence, et ses négociations avec les chefs locaux, leurs aspirations d'indépendance vis-à-vis de la puissance toucouleur à son déclin, devait susciter à la fois méfiance et déception de la part de ces populations, quand elle poursuivrait sa route, au delà du Niger, pour se rendre auprès de l'oppresseur, le sultan de Ségou.

Au mois de juin 1880 je rentrai en France et le gouverneur m'enjoignit de prendre contact avec M. Legros, inspecteur général des Travaux maritimes, auquel le ministre de la Marine avait donné tous pouvoirs pour poursuivre l'exécution du plan de campagne. Au ministère la prochaine campagne était en voie d'organisation; le chef désigné était le commandant Borgnis-Desbordes qui, sous la dénomination de : commandant supérieur du Haut-Fleuve, devait emmener le personnel destiné à l'étude de la voie ferrée et aussi une colonne expéditionnaire chargée de fonder des postes entre Bafoulabé et Bamakou suivant la direction probable du tracé.

A chaque campagne devait suffire sa tâche, *la création des postes devant se faire au fur et à mesure de l'avancement de la plate-forme et de la voie ferrée elle-même.* Le commandant Boilève était parti en Extrême-Orient recruter des coolies, car on n'espérait pas pouvoir compter sur une main-d'œuvre indigène assez abondante.

LA PÉNÉTRATION AU NIGER. — FLOTTEMENTS.

Brutalement le plan de pénétration progressif se trouva modifié par la triste nouvelle du pillage de la mission Gallieni, le 11 mai, à Dio, par ceux mêmes qu'on considérait comme nos alliés naturels, les Bambaras, et cela au moment où deux étapes seulement la séparaient du Niger. La nouvelle arriva à Paris le jour du 14 juillet; on me fit chercher, je trouvai le ministère en désarroi. On me demanda de jeter quelque lumière sur cet événement; je ne pus que montrer l'ambiguïté qui devait résulter de l'antagonisme des races que j'ai ci-dessus exposé, mais je crus pouvoir tranquilliser les esprits, en déclarant que la force même de l'escorte excluait tout danger pour la sécurité des explorateurs. La conclusion s'imposait cependant que si, rendus auprès d'Ahmadou, celui-ci ne retenait pas prisonniers les membres de la mission, la route du retour leur était fermée, après cet acte d'agression, avec lequel les autres chefs locaux se solidariseraient peut-être.

De ce fait, la colonne projetée reçut pour instruction de précipiter de suite sa marche vers le Niger en construisant des postes de manière à libérer la mission en péril, et aussi de tirer vengeance de l'attaque de Dio, ce qui eut lieu par la prise et la destruction de Goubanko.

L'arrivée de la colonne à Kita eut l'effet désiré. Après un séjour de sept mois à Nango, à quelque distance de Ségou, où il ne put entrer, et, sans avoir été reçu par le Sultan, Gallieni put rejoindre la France en juin 1881 avec tous ses compagnons.

La deuxième campagne, 1881-1882, nous conduisit à Bamakou au bord du Niger. Alors se posa la question du ravitaillement des postes échelonnés depuis Khayes jusqu'au Niger. Or, devant l'attitude hostile des populations, hostilité entretenue par les agents toucouleurs, le ravitaillement nécessitait des moyens de transport par animaux considérables, car la population ne nous prêtait aucun concours, et des effectifs importants pour protéger les convois. Enfin des opérations militaires sans cesse renaissantes absorbaient l'activité du commandant supérieur, opérations qui avaient pour objet aussi bien de protéger les populations soumises, que de détruire les foyers de résistance.

L'extension prématurée de notre ligne de postes eut des conséquences fâcheuses, que nous allons préciser, sur l'entreprise telle qu'elle avait été élaborée à l'origine.

Le projet initial, en cinq campagnes, n'était susceptible d'exécution qu'à la condition que la progression de l'occupation fût liée intimement à celle de la voie ferrée elle-même. Or, l'exécution de la voie ferrée dépendait d'une organisation préalable qui eût permis d'amener à pied d'œuvre, à Khayes, le matériel et le personnel indispensables. Si pour la première campagne l'acheminement du matériel correspondit aux besoins prévus, on se heurta à des difficultés insurmontables pour les travaux de terrassement. La main-d'œuvre locale fit défaut et les coolies importés se trouvèrent en nombre insuffisant; un ralentissement inévitable s'ensuivit, si bien qu'en 1884 la ligne entre Khayes et Bafoulabé était construite sur une soixantaine de kilomètres et la plate-forme ne dépassait pas le centième kilomètre.

Sous l'empire de ces circonstances défavorables, ce qui devait être la préoccupation dominante, la construction de la voie ferrée, devint pour les commandants supérieurs qui se succédèrent, l'accessoire; il fallait parer avant tout au ravitaillement des postes.

A cette opération annuelle était consacrée la seule période de l'année où les chemins étaient praticables, où la crue des fleuves ne mettait pas obstacle à la marche des troupes et des convois, c'est-à-dire la saison sèche, de novembre à juin. La colonne de ravitaillement partait de Khayes et y faisait retour. Le reste de l'année, l'hivernage, était utilisé pour amener à Khayes matériel et approvisionnements, mais les travaux de terrassements même devaient être suspendus.

Jetons un coup d'œil sur la composition de la colonne. Au début, elle comportait des troupes européennes assez nombreuses, auxquelles on songea ensuite à substituer en partie des tirailleurs algériens et des troupes noires. Mais le recrutement des tirailleurs indigènes était assez difficile, et il était besoin pour les encadrer de nombreux gradés européens.

Les conditions dans lesquelles se déplaçaient les troupes étaient très pénibles. Le départ avait lieu à 2 heures du matin, la marche se terminait à 8 heures. Alors on prenait campement en dehors des lieux habités; les hommes avaient de nombreuses corvées dans la journée, le séjour sous la petite tente par des chaleurs torrides ne permettait guère le repos, et ainsi aux fatigues de la marche s'ajoutait celle beaucoup plus grave et débilitante du manque de sommeil. La monotonie de ces déplacements, sans intérêt pour les hommes, engendrait l'ennui et la nostalgie.

Sous l'empire de ces conditions éminemment déprimantes, la morbidité prit des proportions effrayantes et aussi la mortalité. Celle-ci atteignit et dépassa même 80 p. c. dans certaines colonnes, affirmèrent et colportèrent les économistes, tel Leroy-Beaulieu.

Comme le plan de campagne n'avait pas fait l'objet de crédits une fois votés par le Parlement, il s'ensuivait qu'il fallait annuellement demander des crédits pour le Haut-Fleuve, et ces crédits devaient être affectés à des travaux, dont l'exécution sans cesse reculée, ne laissait pas prévoir la terminaison. Désormais, aux yeux du public et du Parlement, ces crédits n'eurent d'autre objet que d'entretenir une occupation onéreuse, dans laquelle s'engloutissaient, avec des sommes énormes, de nombreuses vies humaines; sans autre résultat, disait-on, que de servir les ambitions de militaires avides de grades et d'aventures.

L'œuvre dite du Haut-Fleuve, dans laquelle l'exécution du programme économique n'avait plus qu'une part infime, devint impopulaire au point que le ministre compétent, celui de la Marine, en 1885, fut sur le point de prendre un décret décidant de l'abandon de notre occupation et du repliement de nos postes sur l'ancienne colonie. Cette décision était trop intimement liée à l'idée préconçue que les opérations militaires étaient à dessein provoquées par les ambitions des commandants supérieurs, pour que je ne fasse pas à cette légende le sort qu'elle mérite.

Légende en effet, car la réalité est toute différente. Les opérations militaires furent imposées aux commandants supérieurs par les circonstances qui marquèrent notre première occupation, puis par la nécessité de mettre les populations soumises à l'abri des entreprises des anciens maîtres de la région, Ahmadou et ses frères, qui tentaient des attaques dans l'unique but de faire des captifs, lesquels étaient ensuite vendus au loin, ou de tyrans, tel Samory, dont la puissance militaire, née de la faiblesse du joug toucouleur, semait la terreur et la désolation.

Jamais à aucun moment les colonnes ne prirent l'initiative d'opérations de force sans y être contraintes, à aucun moment les commandants de postes et de cercles n'extériorisèrent leur action de manière à obliger les chefs de colonne à soutenir des conflits provoqués par eux. Le rôle très actif des premiers se bornait à faire sentir au contraire les bienfaits de notre occupation, et dans cette tâche, toute pacifique et pacificatrice, ils réussirent admirablement.

En réalité, les actions de guerre furent imposées par les événements. Les trois premières années furent consacrées à la création de postes entre Bafoulabé et le Niger; pendant l'une de ces campagnes, la création du poste de Bamakou fut troublée par une attaque de Samory, que l'on dut repousser. C'était l'entrée en scène de ce tyran sanguinaire dont l'acharnement, s'appuyant sur une organisation militaire remarquable, nous imposa des efforts de longue durée, puisque ce fut en 1897 seulement qu'on put enfin le capturer.

La campagne 1883-1884 ne fut marquée par aucune opération militaire; on construisit seulement un poste, celui de Niagassala entre Kita et le Niger, dans le dessein de protéger la ligne de ravitaillement contre les incursions des bandes de Samory, et aussi à la demande des populations.

Au début de la campagne 1884-1885, le commandant Combes, commandant supérieur, pour surveiller de plus près les agissements de notre très turbulent ennemi, installa au sud de Niagassala, à Nafadié, en avant-garde, une compagnie commandée par le capitaine Louvel.

J'étais attaché à la colonne comme chef de la mission topographique et je venais d'achever la prospection du tracé de la ligne ferrée qui aboutissait un peu au nord de Bamakou. J'arrivai à Bamakou et je rendis compte à mon chef de la terminaison du travail.

A cette époque de l'année et du fait de l'arrivée de la colonne de ravitaillement à Bamakou, le rôle de la colonne expéditionnaire était terminé, celle-ci n'avait plus qu'à faire retour sur Khayes avant l'ouverture de l'hivernage. Or, ce jour même, pendant le déjeuner, arriva un courrier du capitaine Louvel annonçant qu'il était assiégé dans Nafadié par Samory lui-même, et que le concours de la colonne était urgent, car la pénurie des vivres et des munitions rendait une résistance prolongée impossible.

Aussitôt le commandant Combes me donna l'ordre de partir pour relever la route la plus courte, la colonne devant marcher sur mes talons. J'avais vingt-quatre heures d'avance sur elle et chaque nuit je faisais parvenir le levé que j'avais rédigé dans la journée. Le quatrième jour le commandant supérieur entrait de force dans Nafadié, à la surprise des bandes de Samory, qui ne l'attendaient pas dans cette direction et délivrait la compagnie. Il était temps, les ressources de toute nature étaient épuisées, et Louvel était sur le point de tenter une sortie désespérée dans la direction de Niagassala.

Par l'exemple que je viens de relater, se trouve confirmé, que les actions de guerre engagées par les colonnes qui avaient pour mission, en principe, d'assurer le ravitaillement des postes qui jalonnaient la direction de la voie ferrée en voie d'exécution, furent imposées aux commandants supérieurs par des incidents fortuits auxquels ils durent opposer une réaction immédiate.

Je pourrais multiplier les preuves de la soumission docile des chefs de colonne aux instructions qu'ils recevaient de France avant leur départ. Mais sur place, loin de la métropole, il leur devenait impossible de solliciter à temps des ordres nouveaux, ils eussent laissé échapper l'opportunité de dominer une situation qui brutalement prenait naissance et pouvait compromettre la sécurité de notre occupation.

Je citerais, pour terminer, le cas de la colonne de 1892-1893, lorsque le colonel Archinard fut contraint d'entrer dans le Macina.

A Paris, quant en parvint la nouvelle, le sous-secrétaire d'Etat manifesta la plus vive irritation, il y avait, affirmait-on, violation formelle des instructions données et acceptées; il fut question d'un rappel immédiat du commandant supérieur. Toutefois, bien conseillé, le sous-secrétaire d'Etat renonça à cette exécution sommaire. Rentré à Paris, quelques mois après, le colonel Archinard put éclairer le Gouvernement sur les circonstances impérieuses qui avaient rendu indispensable son action rapide; il fut à ce moment approuvé et félicité.

MENACE D'ABANDON DU SOUDAN. — FAIDHERBE.

Je rentrai en France au mois de juin 1885, rapportant de ma mission des travaux importants dont il convient de faire une mention spéciale.

Au début de la campagne 1880-1881, le lieutenant-colonel Borgnis-Desbordes avait fait achever les études du tracé Khayes-Bafoulabé et l'on avait immédiatement commencé les travaux de la plate-forme, puis la colonne s'était portée sur Kita construisant les postes intermédiaires destinés à jalonner la ligne de ravitaillement. Une nombreuse mission topographique suivait la colonne, chargée de dresser la carte et de prospecter en même temps le tracé de la voie ferrée de Bafoulabé au Niger. Aux deux colonnes suivantes des missions topographiques furent également adjointes qui établirent la carte de toute la région jusqu'à Bamakou. Mais de ces études ne sortit aucun tracé de voie ferrée suffisamment étudié pour être accepté. Aussi bien le retard que j'ai signalé, dans la section Khayes-Bafoulabé, ne rendait pas particulièrement urgent un projet dont l'exécution ne pouvait être entreprise avant plusieurs années.

Désigné comme chef de mission topographique pour la campagne 1884-1885 avec trois officiers pour adjoints, la tâche qui m'était impartie était des plus modestes : faire exécuter le levé très régulier de la section Khayes-Bafoulabé; au delà effectuer la revision des cartes existantes. On avait pu en effet constater des erreurs et lacunes importantes dans les cartes imprimées, non que les travaux n'eussent pas été exécutés avec le plus grand soin, mais les opérations avaient été faites au carnet et seulement en France on avait mis au net les notes prises sur le terrain; procédé défectueux, auquel je substituai la rédaction au net sur le terrain même de tous les levés journaliers.

Dans la métropole, pendant ce temps, une orientation nouvelle s'était manifestée. Devant les difficultés de construction de la voie ferrée, le ministère avait fait accueil à un projet présenté par une importante société métallurgique, qui avait pour effet, grâce à un système spécial (mono-rail surélevé), de supprimer tous les travaux d'infrastructure. Cette solution présentait un intérêt évident sous deux aspects, au point de vue technique d'une part, et d'autre part il ouvrait la voie à un contrat, qui substituerait une entreprise privée à l'Etat, lequel se trouverait débarrassé des difficultés au milieu desquelles on se débattait sans avancer.

J'avais été avisé de la venue prochaine d'une mission d'ingénieurs envoyée par la société; par ordre ministériel, le commandant supérieur m'avait chargé de vérifier, avec le personnel sous mes ordres, les travaux qui seraient, par cette mission d'ingénieurs, accomplis sur le terrain, afin de mettre en la possession du gouvernement, lors de la discussion du contrat, des documents de contrôle. Mais, par suite de circonstances qui amenèrent la fusion de cette mission civile avec la mienne propre, il n'y eut qu'un seul projet établi.

Le levé fait au 1/10.000^{e}, mis au net sur le terrain, fut rapporté en France et mon premier soin en arrivant à Paris fut d'en donner copie à la compagnie intéressée.

Le ministre reçut un de ces plans avec profil en long. Le projet de tracé fut approuvé par le Conseil des travaux de la Marine.

A mon retour on m'avait donné, dans une annexe du ministère, des bureaux pour la rédaction de mes travaux, et aussi pour la confection de cartes complétant les cartes existantes. Je fus en outre chargé de construire une grande carte nouvelle des *Etablissements français du Sénégal.*

Au début de décembre 1885, je fus mandé d'urgence au ministère par M. Pottier, inspecteur général de la marine, faisant fonction de sous-secrétaire d'Etat aux colonies. M. Pottier attendit la venue du commandant Archinard qu'il avait aussi fait appeler et nous conduisit au cabinet du ministre, amiral Galibert, auprès duquel il nous laissa.

L'amiral était en proie à une vive agitation; il tenait à la main un papier grand format.

« Messieurs, nous dit-il, sans autre préambule, je vous ai fait mander, parce que vous m'avez été signalés comme les plus aptes à m'éclairer sur un projet que je vais vous exposer. Je vous demande de me répondre en toute franchise. J'ai résolu de demander au conseil des ministres l'abandon du Soudan, et j'ai préparé dans ce but le projet de décret que voici. Je renonce, en effet, devant l'attitude hostile du Parlement, à demander les crédits nécessaires à la poursuite d'une entreprise qui se prolonge sans résultats pratiques; ils me seraient refusés. »

« Capitaine, dit-il en s'adressant à moi, je vous invite à prendre la parole le premier afin que l'opinion du commandant Archinard ne puisse vous influencer. »

J'exposai au ministre les dangers de son projet d'abandon. Le repliement de nos postes sur l'ancienne colonie laisserait à la merci, de leurs tyrans de la veille et de Samory, les populations qui prospéraient désormais grâce à l'action bienfaisante de notre occupation. Nous avions vis-à-vis d'elles pris des engagements écrits, nous ne pouvions les déchirer; notre abandon serait, à juste raison, exploité comme une manifestation d'impuissance et nous verrions se lever contre nous les populations toucouleurs du Moyen-Sénégal, qui de tout temps avaient impatiemment supporté notre joug. Nous aurions de ce fait aggravé notre situation au lieu de l'amender, et je conclus, sur ce point, en affirmant qu'autrement meurtrières et onéreuses seraient les opérations militaires à entreprendre pour conserver le domaine de l'ancienne colonie, que pour parachever l'œuvre entreprise au Soudan. Le commandant Archinard fut bref : « Je partage, monsieur le

Ministre, sur tous les points, l'opinion émise par le capitaine Monteil. L'abandon du Soudan serait le signal d'une révolte générale qui compromettrait gravement la sécurité de notre colonie! »

Alors le ministre, déchirant son projet de décret et le jetant à terre, nous dit : « Messieurs, vous êtes libres, mais un autre que moi assumera, s'il l'ose, la tâche de demander des crédits pour le Haut-Fleuve. D'ailleurs je suis démissionnaire (1). »

Je rentrai à mon bureau fort soucieux, me demandant quelles seraient les conséquences de ce mouvement universel d'hostilité venant à la fois du gouvernement, du parlement, de l'opinion publique, qui se dressait contre l'œuvre vacillante dans ses débuts il est vrai, mais que j'entrevoyais, une fois dégagée bientôt des ambiances morbides qui paralysaient sa croissance, comme une des manifestations les plus admirables de notre génie colonisateur.

Le fait brutal était là qui me hantait : les crédits, pour ce que l'on appelait encore improprement le « Haut-Fleuve », ne seraient pas votés par le Parlement, avant sa séparation, à la fin du mois.

Cette dénomination de Haut-Fleuve avait été adoptée à l'origine, parce que le siège de la première activité de la pénétration était le Haut-Sénégal. Mais dès lors que nous avions atteint le Niger, l'expression était peu appropriée. Aussi sur la carte que je construisais à ce moment, avais-je adopté la dénomination de « Soudan Français » plus rationnelle et qui de plus avait un sens géographique. Gallieni devenu commandant supérieur au moment de l'apparition de la carte, s'y rallia et la fit accepter.

Le projet de chemin de fer et l'élaboration de la carte générale des *Etablissements français du Sénégal* avaient fait quelque bruit dans les milieux spéciaux et la curiosité de voir ce dernier document me valut la visite de M. de Lanessan. Ancien médecin de la

(1) Le Cabinet, en effet, était démissionnaire depuis un mois; il restait chargé de l'expédition des affaires.

marine, député de Paris, M. de Lanessan s'intéressait aux questions coloniales; il était une des personnalités qui pouvaient en connaître pour avoir consacré ses jeunes années à parcourir le monde et nos colonies. Il me félicita sur le travail qu'il voyait très avancé déjà et, dans des conditions favorables, la conversation s'engagea très cordiale. J'en vins à lui faire part de mes appréhensions, en lui relatant la conférence qui s'était tenue dans le bureau du ministre de la Marine quelque jours auparavant. M. de Lanessan réfléchit et fut d'accord avec moi sur les résultats néfastes qui pouvaient naître du fait que la demande de crédits ne serait pas présentée. Il me tranquillisa en me disant qu'il existait un moyen et qu'il allait l'employer. Il se ferait dès le lendemain nommer rapporteur, et le cahier des crédits serait glissé dans le bloc des rapports que la Chambre votait en hâte, sans les discuter, au moment de la clôture de décembre, afin que le budget fût liquidé avant la séparation. Il en fut ainsi fait, et par cette opportune intervention, l'entreprise d'établissement de notre empire colonial africain ne fut pas mise, pour l'instant, en échec.

Le ministère qui se forma au début de 1886 consacra la création qu'avait connue le ministère précédent, soit celle d'un sous-secrétaire d'Etat au Colonies, membre du Parlement, adjoint au ministre de la Marine. Le ministre de la Marine fut l'amiral Aube, beau-frère du général Faidherbe, Grand Chancelier de la Légion d'honneur, comme lui très favorable à notre pénétration et à notre installation définitive au Soudan; le sous-secrétaire d'Etat fut M. de la Porte.

Pendant mon séjour à Paris, j'entrai en relations suivies avec le Grand Chancelier, le soldat victorieux de la guerre de 1870, l'ancien gouverneur de génie qui avait créé le Sénégal. Le vieux général s'intéressait avec passion à notre politique soudanaise, qui était le prolongement de la sienne propre, et il saisissait toutes occasions de se documenter auprès de ceux qui revenaient des rives du Niger. J'eus avec lui une première entrevue, à laquelle de nombreuses autres succédèrent, motivées par les nouvelles que je recevais directement, ou que le ministère me communiquait à chaque courrier.

Je lui appris, entre autres choses, qu'une canonnière qui porterait le nom de « Mage », en souvenir du lieutenant de vaisseau qu'il avait envoyé en 1864 aux bords du Niger, était en route par voie de terre et que son commandant, le lieutenant de vaisseau Davoust m'avisait qu'il espérait la remonter prochainement et la lancer sur le Niger.

A quelque temps de là, un matelot arrivait m'apportant une lettre de Davoust. La canonnière avait avec succès entrepris un premier voyage sur le grand fleuve jusqu'à Mopti. Je me présentai avec mon matelot chez le Grand Chancelier. Le général Faidherbe n'avait plus les apparences du brillant officier de jadis; c'était un grand vieillard impotent qui ne pouvait se déplacer, même dans son cabinet, que grâce à un fauteuil mécanique, et ses yeux affaiblis se cachaient derrière de grosses bésicles noires. L'entrevue fut impressionnante; elle est restée gravée dans ma mémoire. Je me vois à côté de ce matelot, dépaysé sous ces lambris dorés, tournant entre ses doigts son béret pour se donner contenance, les yeux timidement baissés. « Et alors, lui dit le général, vous avez vu le Niger, vous! » Le matelot surpris me regarda avant de répondre et péniblement articula un « Oui, mon général. » Celui-ci ajouta : « Vous êtes bien heureux, vous! » Du coup mon matelot fut ahuri; il ne pouvait concevoir le bonheur sous la forme d'un événement coutumier de sa vie de marin. Parcourir les mers ou les rivières, c'était l'exercice de sa profession de navigateur, le Niger n'avait pas plus de prix à ses yeux que l'embouchure de la Charente. Au contraire pour l'ancien gouverneur, sur le visage duquel je suivais la pensée lointaine, avoir vu le Niger, c'était la réalisation d'un long rêve qu'il évoquait à cette heure dans ses souvenirs; c'était comme le couronnement de son œuvre d'autrefois, qui dès maintenant était assurée de la perennité, c'était la plus grande France, entrevue jadis, dont l'édifice s'élevait lentement sur les assises qu'il avait péniblement construites. Et comme cédant au charme d'une vision très douce, le vieillard répéta, à l'étonnement grandissant du matelot : « Vous êtes bien heureux, vous! » Mais lui aussi était heureux; par la pensée, il voguait sur les eaux du grand fleuve africain. Nous l'y laissâmes en nous retirant discrètement, sans qu'il y prît attention.

LE SOUS-SECRÉTARIAT D'ÉTAT DES COLONIES.

La création d'un Sous-Secrétariat d'Etat des Colonies au Ministère de la Marine, création qui remonte à 1885, marquait une étape importante à un double point de vue, politique d'une part, colonial de l'autre, qu'il est intéressant de mettre en relief.

Au point de vue politique, l'adjonction d'un parlementaire à un ministre militaire attestait l'emprise grandissante du Parlement sur les attributions des titulaires de portefeuilles ministériels spécialisés, tels ceux de la Marine et de la Guerre. Cette première conquête devait lentement se développer jusqu'à la dépossession totale, aujourd'hui réalisée, au bénéfice des parlementaires, des départements ministériels détenus par des marins ou militaires, étrangers au Parlement. Nous n'avons pas dessein d'insister sur ces manœuvres d'approche qui avaient le but avéré d'affirmer le principe de la prépondérance du pouvoir civil, sur le pouvoir militaire. *Cidant arma togae* était le cri de ralliement des assaillants, qui, dispensateurs des crédits par le vote du budget, entendaient non seulement, affirmaient-ils, contrôler leur gestion, mais prétendaient être seuls capables d'assurer celle-ci dans les meilleures conditions d'économie et de désintéressement, parce que dégagés de toute attache professionnelle.

Pour des considérations, qui présentaient certaines analogies avec les dernières que nous venons d'invoquer, la nomination d'un *ad latus* parlementaire au Ministre militaire de la Marine, eût les plus heureuses influences sur le développement de notre expansion coloniale.

Les ministres militaires étaient tenus en suspicion par le Parlement; *ils n'avaient pas l'oreille des Chambres.* Ils restaient volontiers à l'écart des intrigues de couloir, on les trouvait distants. Se considérant comme étant en service, ils se bornaient à accomplir leur tâche, sans souci des manœuvres politiques auxquelles, par statut même de leur profession ils devaient rester étrangers, auxquelles, par tempérament, ils répugnaient à se mêler. On les accusait aussi de s'affranchir du *droit de regard* des commissions ou des rapporteurs dans les affaires de leur département. Vrai ou faux le grief était habilement exploité, aussi toute demande de crédits formulée par le Ministre de la Marine et des Colonies était-elle discutée sans la moindre bienveillance. Si nous ajoutons que ces ministres étaient davantage des hommes de réalisation que des rhéteurs habiles, nous aurons à peu près épuisé les causes de l'antagonisme qui régnait non seulement entre les ministres militaires et le Parlement, mais au sein du Conseil des ministres lui-même, entre les militaires et les parlementaires.

Pour le Ministre de la Marine, les crédits coloniaux en particulier, étaient l'objet de soucis constants, et nous avons vu comment l'amiral Galibert avait projeté d'abandonner le Soudan, plutôt que de demander les crédits nécessaires pour poursuivre l'œuvre commencée. L'idée coloniale, il faut la reconnaître, était impopulaire, non seulement dans le Parlement, mais dans l'opinion publique elle-même. Nous avons ci-dessus présenté un des côtés de la question dans l'historique de la pénétration au Niger. Cette pénétration s'était heurtée à des obstacles imprévus, aussi à des transpositions de programme. L'un des résultats avait été la prédominance de la colonne expéditionnaire ou de ravitaillement sur l'avancement pacifique, par le rail. On accusait volontiers les chefs militaires, les commandants supérieurs du Haut-Fleuve, de faire naître les occasions de conflits armés pour en retirer honneurs et grades. Lorsque venaient les demandes de crédits, les Ministres de la Marine, seuls défenseurs de leurs subordonnés, suspects eux-même auprès du Parlement, étaient sans autorité pour faire aboutir ces demandes; on les regardait comme trop disposés à couvrir des dépassements d'instructions.

Si nous ajoutons que la mortalité, la morbidité considérable, qui décimaient les colonnes, impressionnaient défavorablement le public et ses représentants au Parlement, nous aurons laissé prévoir la campagne dite « *des mauvais numéros* » qui allait bientôt s'ouvrir, pour aboutir à priver l'Infanterie de Marine de son recrutement normal par le contingent annuel.

Revenant à la situation parlementaire, le Ministre de la Marine était impuissant à convaincre le Parlement des nécessités d'une œuvre qui, vacillante dans ses débuts, devait être dans l'avenir de première importance pour le rayonnement économique de notre pays. Pour ne négliger aucun des côtés de la question, il convient de dire aussi que pour inculquer au Parlement cette confiance, il eût fallu la posséder. Or, les officiers de marine étaient hostiles à l'expansion coloniale, dont les acteurs étaient ceux d'un corps jusque là regardé comme subordonné au leur propre, celui de l'Infanterie de Marine. Les Ministres de la Marine en dernière analyse, étaient les premiers enclins à désirer la scission de leur ministère en *Marine* et *Colonies* pour ne conserver que le premier département, le second ne leur apportant que des soucis.

Toutes circonstances favorisaient donc la création du Sous-Secrétariat d'Etat aux Colonies et nous allons nous rendre compte de l'influence heureuse de cette création sur le développement de l'expansion coloniale.

Le Sous-Secrétariat d'Etat, étant une fonction ministérielle, devait être attribuée à un membre important du Parlement; de ce chef le titulaire détenait dans les Chambres une clientèle disposée à soutenir sa politique. Les questions de personnes étant réservées, le résultat fut non seulement immédiat, mais constant. Les sous-secrétaires d'Etat successifs d'autre part prenant contact avec les réalités, purent se convaincre des difficultés de la tâche qui incombait aux officiers, et du désintéressement et à la fois, de l'habileté qu'ils mettaient à l'accomplir. Dès lors l'idée coloniale eut au Parlement, sinon dans l'opinion publique, plus longue à conquérir, des défenseurs d'autant plus ardents qu'ils assuraient, par leur succès, leur propre situation.

L'opinion publique au contraire fut séduite par les actes des personnalités coloniales, explorateurs en particulier, qui à leur retour en France étaient par l'intermédiaire de groupements anciens, au premier rang desquels la Société de Géographie de Paris, ou nouveaux, tel le Comité de l'Afrique Française, mis en contact avec le grand public. Ces sociétés, ces comités composés d'hommes de valeur qui avaient compris l'importance de l'idée coloniale, étaient des propagandistes fervents et désintéressés qui, dans des conférences, dans des banquets, exaltaient les qualités bien françaises des pionniers qui, au loin, au prix d'un labeur persévérant, de périls journaliers, portaient dans les contrées les plus reculées le drapeau de la France, et développaient par leur action pacificatrice, civilisatrice, le rayonnement de son génie et aussi l'étendue des territoires qu'ils rattachaient à la Mère-Patrie.

La Presse par sa puissance de diffusion, s'associa avec enthousiasme à ces manifestations; un jour vint où la plus grande France, la France d'outre-mer, ne connut plus que des partisans jusque dans les villages les plus reculés. Et à cette heure, l'on était bien éloigné de penser que ces dépenses d'énergie se traduiraient par les résultats tangibles que l'Exposition Coloniale de Marseille en 1922 a si brillamment mis en relief. Les colonies aujourd'hui enrichissent par répercussion la Métropole et contribuent pour une large part à la prospérité générale.

Le premier sous-secrétaire d'Etat fut M. Rousseau, le second M. de la Porte; puis vinrent des hommes qui ont marqué leur empreinte de manière plus durable, Etienne et Delcassé. Avec ce dernier s'accentua la scission entre la Marine et les Colonies, quand le Sous-Secrétariat s'installa dans ses meubles, au Pavillon de Flore en 1893, prodrome d'un détachement définitif que consacra la création du Ministère des Colonies en 1894, ministère dont Delcassé fut en réalité le premier titulaire.

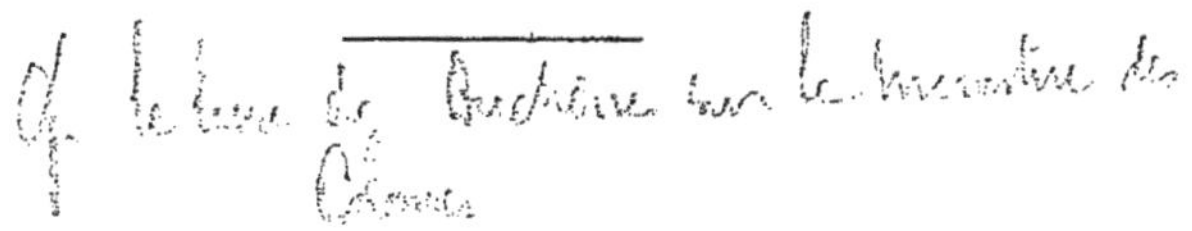

COUP D'ŒIL SUR L'INDOCHINE.

Le mouvement colonial, qui devait grandir chaque jour en ampleur et réalisations fécondes, n'était pas localisé à l'Afrique. En même temps naissait une autre colonie appelée à une prestigieuse prospérité: l'Indochine française. Cette possession fut constituée par le rattachement à l'ancienne colonie : la Cochinchine, des autres domaines de l'Empereur d'Annam : le Tonkin, et l'Annam proprement dit.

Les débuts du Tonkin furent marqués par des épisodes héroïques, tragiques aussi, dont les plus célèbres sont : le raid de Francis Garnier et sa mort, l'affaire du « Pont de papier » où succomba le commandant Rivière, le siège et la prise de Thuyen-Quang, enfin la malheureuse affaire de Langson.

Sur cette dernière je puis donner des détails assez peu connus puisés aux meilleures sources. En 1885 le général Campenon, alors ministre de la Guerre, envoya au Tonkin, à la disposition du général Brière de l'Isle, commandant en chef, le colonel Herbinger, muni de cette introduction élogieuse : « Si Négrier est mon fils, Herbinger est mon petit-fils. » Le général de Négrier partait à ce moment pour occuper, sur le fleuve Rouge, Langson, à la limite du territoire chinois, de manière à défendre le territoire du Tonkin contre les incursions des Pavillons-Noirs. Le colonel Herbinger, ancien professeur renommé de tactique, à l'école supérieure de guerre, ignorait tout de la guerre coloniale; en l'adjoignant au général de Négrier, Brière de l'Isle ne pouvait le confier à meilleur maître.

Mais l'attaque de Langson fut un échec moral, plutôt que militaire; au cours de cette affaire de Négrier fut légèrement blessé. Il passa le commandement au colonel Herbinger qui prit la résolution de battre en retraite, sur le delta, par les deux rives du fleuve Rouge. Conservant le commandement des troupes de la rive droite, Herbinger confia au commandant Fortoul celui des troupes de la rive gauche, dont le rôle était de couvrir le mouvement des troupes de la rive droite. En même temps, le commandant de la rive gauche, en contact avec l'ennemi probable, devait renseigner sur les mouvements de ce dernier. Mais pas plus le commandant Fortoul que le colonel Herbinger lui-même ne possédaient l'expérience de la guerre coloniale en général, et de celle particulière à ces régions. Sur la foi de renseignements mal contrôlés, et les Annamites sont maîtres dans l'art du mensonge, le commandant de la rive gauche communiqua à son chef, des renseignements pessimistes laissant entrevoir une attaque en masse des Pavillons-Noirs sur les flancs et les derrières de la colonne en retraite.

Le colonel Herbinger, sur ces indications répétées, fit hâter la retraite, et pour s'alléger noya son artillerie, son trésor, etc. C'était la panique, d'autant moins justifiée que lorsque quelques jours après la colonne reprenait à Bac-Lé le contact avec les troupes du delta, elle n'avait pas eu à brûler une seule cartouche.

Pendant la durée de la retraite Brière de l'Isle était tenu, par des courriers, au courant de la situation alarmante des troupes de la brigade de Négrier; après des hésitations, il se décida à informer le Ministère ajoutant à sa dépêche :

« Espère toutefois conserver Delta. »

On lui fit grief de cette dépêche, qui fut communiquée à la presse dès son arrivée à Paris. Elle fut interprétée comme constituant de la part du commandant en chef un acte de défaillance, alors qu'en réalité c'était un renseignement porté à la connaissance du Gouvernement et que celui-ci devait conserver jusqu'à ce que la situation se fût éclaircie. C'est en effet ce qui se fût passé en autre temps, mais ainsi que nous allons le voir, la communication de cette dépêche fût un acte délibéré du Gouvernement de Jules Ferry dans le but d'impressionner à la fois le Parlement et l'opinion.

A cette époque, et depuis quelque temps déjà, le Tonkin participait de la même défaveur, et pour des causes similaires, que le Soudan. Mais au Tonkin les dépenses à couvrir du fait des opérations militaires étaient autrement importantes qu'en Afrique. Le Gouvernement, depuis deux ans, hésitait à demander au Parlement la régularisation des dépenses considérables qu'il avait engagées sans ouverture de crédits. Jules Ferry eut la malencontreuse pensée de tirer argument de ce qu'on appelait le « désastre de Langson » pour obtenir, afin de défendre l'honneur du pavillon, le vote de crédits qui couvriraient le déficit existant, et permettraient un nouvel effort réparateur.

La conception arrêtée d'étayer la demande d'un vote de confiance sur une opération militaire malheureuse, qui en bonne logique portait atteinte à l'autorité morale du Gouvernement, était un mauvais calcul, une erreur grave de psychologie politique, surprenante de la part d'un homme d'Etat aussi avisé que Jules Ferry. Cette détestable manœuvre, en effet, qui exploitait un «désastre » humiliant pour notre prestige en Europe aussi bien qu'en Extrême Orient, devait non seulement indisposer l'opinion publique, mais encore donner des armes aux adversaires de ce que l'on appelait alors *les aventures coloniales* qui étaient nombreux au sein du Parlement (1).

Le Cabinet fut renversé, mais participant, de manière imméritée, à cette crise gouvernementale, dont on lui faisait porter la responsabilité, Brière de l'Isle fut disgracié.

Ce fut une heure néfaste pour le Tonkin, car bientôt, s'il fut fait justice de l'affaire de Langson, qui rentra dans le cadre des incidents pénibles, mais sans lendemain, la disgrâce de Brière

(1) Rappelons que c'est à la fin de cette même année 1885, que l'Amiral Galibert, ministre de la Marine, renonçait, devant l'hostilité du Parlement, à demander des crédits pour le Soudan (ci-dessus page 38).

de l'Isle constitua un temps d'arrêt appréciable dans l'organisation et la mise en valeur de cette riche contrée. Le général était l'homme de cette œuvre, car s'il avait déjà fourni sa mesure, au Sénégal, il pouvait, et il en avait donné les preuves, faire mieux encore au Tonkin, familier qu'il était par de longs séjours en Cochinchine, avec les populations, leur civilisation, les méthodes qui, appliquées si heureusement par le corps des administrateurs, devaient conduire le pays, à lui confié, vers des destinées prospères. Ses successeurs immédiats eurent à peine le temps de prendre contact, d'acquérir quelques connaissances; il faut arriver à l'administration prolongée de M. Doumer pour voir enfin le pavillon se dégager de sa chrysalide. Ces tâtonnements onéreux eussent été épargnés au Tonkin, si un administrateur expérimenté eût posé, au lendemain de la conquête, les assises de l'édifice, et encore une fois Brière de l'Isle était l'homme de cette tâche.

Au mois d'octobre 1886, je présentai à l'amiral Aube, ministre de la Marine, la carte des *Etablissements français du Sénégal* qui sortait des presses. Au cours de la conversation j'en vins à lui dire que j'étais désigné pour aller servir en Annam.

« Je change votre destination, déclara le ministre. Vous irez vous mettre à Hanoï, à la disposition de M. Paul Bert, résident général, auquel vous porterez une lettre que vous remettra demain le directeur de mon Cabinet, le commandant Maréchal. »

L'événement ne devait pas se réaliser, car, en arrivant à Singapour, j'appris la mort de M. Paul Bert. Je n'avais pas à me rendre à Hanoï, je rejoignis à Hué le régiment auquel j'étais affecté.

Je restai dix-huit mois en Annam. Je pus acquérir la conviction, au cours de mon séjour, que le peuple annamite constituait un groupement ethnique homogène, chez lequel unité de race et unité de civilisation concouraient pour donner l'impression, qu'une fois le pays pacifié et organisé, la nation annamite devait être laissée libre de conduire ses destinées.

Cette conviction s'était affirmée dans mon esprit par le contact qu'il m'avait été donné de prendre, à Hué, avec les grands mandarins de la Cour, puis dans la province de Tourane avec le peuple lui-même. A la résidence de France, à Hué, j'avais fait connaissance de mandarins, hommes lettrés à l'intelligence déliée, qui, membres du Conseil de l'Empire, possédaient des qualités d'hommes d'Etat, et de conducteurs d'hommes que bien de leurs confrères européens eussent pu envier. Je retrouvai plus tard ces mêmes hommes dans la province de Tourane comme délégués du pouvoir central, dans les conditions que je vais rapporter.

Au début de 1886, la situation en Annam était très troublée. Pendant une visite à Hué du général de Courcy, alors commandant en chef, une attaque générale contre les troupes de la citadelle et celles qui gardaient la légation de France sur la rive opposée, fut déclanchée par ordre du régent Tan Thuyet qui détenait le pouvoir pendant la minorité de l'empereur Ham N'Ghi, successeur de Tu Duc. Cette révolte échoua et Tan Thuyet s'enfuit accompagné de Ham N'Ghi (1).

Le précepteur de Ham N'Ghi, Héou, se réfugia dans la province de Quang-Nam, province la plus riche de l'empire dont le port est Tourane, au sud de Hué, province où se recrutaient les mandarins de la Cour. Dans la province, Héou proclama son indépendance vis-à-vis de la Cour de Hué, et refusa obéissance au nouvel empereur Dong Khagn.

La compagnie que je commandais fut désignée pour faire partie d'une colonne expéditionnaire destinée à ramener la province de Quang-Nam dans l'obéissance, par la capture du chef de l'insurrection. A ma grande surprise, alors que notre action semblait devoir s'exercer contre un rebelle au pouvoir central, nous nous trouvâmes en présence d'un mouvement national parfaitement organisé, non pas tant contre le pouvoir de l'empereur d'Annam, que contre les étrangers dont il subissait la domination.

(1) Aujourd'hui, l'ancien empereur réside en Algérie, sous le nom de *prince d'Annam.*

La colonne fonda dans la province une série de postes pour réduire la zone d'action du chef rebelle, mais ces opérations furent sans résultat, comme aussi les reconnaissances militaires destinées à prendre contact avec les villages et leurs chefs. Partout nous trouvâmes le vide, les villages non seulement étaient désertés par leurs habitants, mais toutes les cases étaient démontées, les pagodes en maçonnerie éventrées, les vivres cachés dans la brousse.

Pendant un an cette situation se prolongea; les mandarins, délégués par la Cour, semblaient collaborer avec nous, mais en réalité pactisaient avec les habitants dont ils partageaient les sentiments de haine vis-à-vis de nous. Leur collaboration n'avait quelque sincérité que pour la capture de Héou qui pouvait faire courir un péril à l'unité de l'Empire, mais encore réussirent-ils à ralentir nos opérations à cet égard, de manière à faire capturer le chef rebelle par des troupes annamites, appelées de la province voisine, le Quang-Hay.

Par cette manœuvre habile, les mandarins de Hué, avaient consolidé auprès des populations l'autorité du pouvoir national, qui n'avait exercé de répression que contre un rebelle à cette autorité, sans avoir fourni à l'étranger l'occasion de manifester son rôle de protecteur. Il n'était pas douteux que le parti national, qui englobait la totalité du peuple annamite, n'eût remporté une victoire morale éclatante sur la nation qui s'était arrogé le rôle de puissance dominatrice.

Témoin actif autant qu'attentif, j'avais suivi avec intérêt les phases de ce double conflit, je restais émerveillé devant la souplesse d'esprit, la fertilité des moyens mis en œuvre par les mandarins auxquels était échu le rôle difficile de concilier, sans éveiller la suspicion d'aucun, les aspirations de l'âme nationale et les égards obligés dus au protecteur impatiemment supporté, mais puissant.

Faisant retour en arrière la comparaison s'éveilla en moi entre les méthodes pratiquées à la côte d'Afrique, méthodes qui étaient destinées à créer un état de civilisation, inexistant au moment de notre intervention colonisatrice, et celles qu'il convenait de suivre dans un pays où l'âme nationale correspondait à une civilisation pouvant rivaliser avec la nôtre propre.

En Afrique occidentale, des races diverses, divisées par leur origine, leur langue, leur religion, constituaient des groupements ethniques imprécis, rivaux les uns des autres, voisins de la barbarie, au sein desquels se développaient des conflits continus et sanglants ayant pour aboutissement la plaie honteuse de l'esclavage. Notre action colonisatrice pouvait s'exercer avec fruit pour consolider l'autorité des chefs, acheminer lentement ces populations vers un état de civilisation se développant sous l'égide de la paix française, civilisation créatrice d'ordre, de sécurité, emportant avec elle les bienfaits d'un développement économique intéressant à la fois pour l'indigène et pour l'Européen.

En Indochine au contraire, sans avoir à discuter les causes qui avaient déterminé notre conquête, il était de toute évidence que notre domination revêtait un caractère de spoliation, qui se manifestait avec une acuité grandissante à mesure qu'elle se prolongeait. Faire cesser cet état de sujétion en restituant à la collectivité annamite, sous l'autorité de ses chefs séculaires, son indépendance complète, doit être le but que nous devons poursuivre. C'est vers cette étape réparatrice que nos efforts se concentrent d'ailleurs; de plus en plus les Annamites sont associés à la gestion de leurs intérêts de tous ordres, et lorsque la nation annamite sera enfin restaurée dans l'exercice non contrôlé de sa vie, elle aura bénéficié des travaux considérables entrepris par la France pour le développement des richesses de son sol.

LES RIVALITÉS INTERNATIONALES

LE PROJET DE JONCTION DES ETABLISSEMENTS FRANÇAIS EN AFRIQUE AUTOUR DU TCHAD. — MISSIONS.

1890 marque une date importante dans l'histoire du développement de notre expansion en Afrique occidentale et centrale.

A ce moment notre domination est définitivement assise jusqu'aux rives du Niger; la question se pose de savoir si en présence des compétitions européennes, que notre activité a mises en éveil, notre pénétration doit rester dans ces limites.

M. Etienne est à ce moment sous-secrétaire d'Etat aux Colonies. Il conçoit un plan d'ensemble, comportant des missions qui doivent converger vers le lac Tchad, point de soudure futur de nos établissements, non plus en Afrique occidentale mais en Afrique centrale. Le plan était grandiose, l'avenir démontra, par sa réalisation, que celui là avait vu grand et juste à la fois qui sut en préparer l'exécution.

Trois missions étaient prévues, l'une dirigée par Crampel devait par le Congo, l'Oubanghi et le Chari atteindre le Tchad. La seconde, sous les ordres du lieutenant de vaisseau Mizon, devait explorer le cours du bas Niger à bord d'un vapeur le « Sergent Malamine », remonter son affluent de la rive gauche, la Benoué, jusqu'au dernier point navigable, et de là gagner, par terre, Koukaoua, capitale du Bornou, située aux abords du Tchad.

La troisième mission devait partir du Dahomey, atteindre le

Niger à Say et, suivant une ligne de démarcation, dont il sera question ci-après, atteindre Barroua sur le lac Tchad.

La première mission était une mission d'exploration, la seconde était mi-politique mi-commerciale; un groupement de négociants exportateurs, couvrait en partie les frais. La troisième était surtout une mission diplomatique.

A la date du 5 août 1890, en effet, avait été signée, entre la France et l'Angleterre, une convention destinée à définir le statut territorial des régions africaines comprises entre Niger et Tchad. A la France, les pays au nord d'une ligne Say-Barroua; au sud de cette ligne relevaient de l'Angleterre « les pays appartenant *équitablement* à l'empire de Sokkoto ». En France, on était peu fixé sur la valeur des territoires qui nous étaient impartis; l'Angleterre l'était davantage sur les riches régions qui lui étaient échues, et le négociateur anglais, lord Salisbury, se vantait d'avoir abandonné, seulement, à la France les sables du Sahara « que le coq gaulois aime gratter ».

C'est dans le but de reconnaître le tracé de la ligne Say-Barroua, et de préciser les régions qui, équitablement, relevaient de l'empire de Sokkoto, que le projet d'une mission fut arrêté.

Le 20 août je fus mandé à Paris par un télégramme officiel et je fus reçu par M. J. L. Deloncle, sous-chef de Cabinet de M. Etienne. Celui-ci me demanda si je consentirais à accepter une mission destinée à relier la Côte d'Ivoire à la Mellacorée (rivière de la Guinée française au nord de Sierra Leone). J'acceptai; on me demanda un projet. Je sortis du ministère. Une heure après j'étais de retour avec un projet succint, pour l'exécution duquel je demandais un crédit de 40.000 francs et dix fusils.

Frappé par la rapidité avec laquelle j'avais rédigé mes propositions, M. Deloncle me confia qu'il était une mission très importante, destinée à relever sur place la délimitation Say-Barroua, mais que le titulaire n'avait pu encore en être désigné. M. Deloncle connaissait depuis longtemps mes explorations et mes travaux; aussi me dit-il sans hésitation :

« Accepteriez-vous, mon cher ami, d'établir des propositions pour l'exécution de cette mission? » Nous prîmes rendez-vous pour l'après-midi. Je revins, en effet, porteur d'une note où j'établissais que les prévisions, qui me semblaient justifiées, étaient : 70,000 francs et dix fusils.

A la lecture de ma note, M. Deloncle me regarda et me dit :

« Voyons, Monteil, cela n'est pas sérieux!

— Très sérieux.

— Mais songez donc que nous avons déjà consulté diverses personnalités coloniales, le moins qui nous a été demandé est : 500.000 francs, 500 hommes.

— 500.000 francs, dis-je en souriant, je les accepterais peut-être, mais 500 hommes, je les refuserais. »

Après un temps Deloncle ajouta :

« Voulez-vous que nous voyions M. Etienne?

— Volontiers. »

Nous entrâmes dans le Cabinet du sous-secrétaire d'Etat qui lut ma note, et s'écria :

« Mais, capitaine, c'est une gageure! Comment pouvez-vous estimer que dix fusils puissent être suffisants?

— Pour la cause simple, M. le sous-secrétaire d'Etat, qu'une telle mission ayant à traverser la moitié de l'Afrique, au milieu d'empires noirs très puissants, ne peut passer qu'en se faisant accepter par les indigènes; sa seule arme doit être la persuasion. Dix fusils est un armement suffisant pour s'affranchir des maléfices d'un coupeur de route, mais qui songera à emmener 500 hommes se condamne à un échec ou mieux à une mort certaine. Je ne connais pas, en effet, de village susceptible d'assurer une journée de vivres à un effectif de 500 hommes. Le chef sera donc réduit à prendre ce qu'on ne pourra lui fournir, et alors c'est la guerre. L'issue est fatale. »

Mon interlocuteur devint songeur, l'argument avait porté, alors me regardant en plein visage M. Etienne me dit :

« Et vous accepteriez d'accomplir cette mission dans les conditions de vos prévisions?

— J'accepterais de suite, sauf réserve sur l'itinéraire prévu. Je désirerais partir du Sénégal où je trouverais des facilités de renseignements plutôt que de gagner le Dahomey que je ne connais pas. Je désirerais aussi être laissé libre de ma route de retour vers la France une fois la mission terminée.

— Eh bien, je vous nomme chef de cette mission, me dit M. Etienne en me tendant la main, mais je porte vos crédits à 80,000 francs. »

De retour dans le Cabinet de M. Deloncle celui-ci me fait remarquer :

« Désormais, la première mission que vous aviez acceptée n'a plus de titulaire. Avez-vous quelqu'un?

— Oui, le capitaine Ménard, il est à Cherbourg, je vais lui passer une dépêche, demain vous aurez son acceptation. » Ce qui fut en effet.

Le capitaine Ménard était un jeune officier dont j'avais pu apprécier la valeur au Soudan. La mission qu'il avait acceptée eut une fin tragique. Ménard voulant défendre le chef du village dont il était l'hôte, contre une bande de Sofas de Samory, commandé par Sekou-Bâ, trouva dans le combat une mort glorieuse. Au cours de la colonne de Kong, Baratier tua de sa main au combat du Bé, Sékou-Bâ, vengeant ainsi la mort de notre regretté camarade.

La relation de mon voyage, qui dura plus de deux années (septembre 1890 à fin de décembre 1892), a été publiée sous le titre : « De Saint-Louis à Tripoli par le lac Tchad (1). » Je voudrais seulement y ajouter quelques considérations qui tirent leur importance d'événements qui seront exposés dans la suite.

Une conséquence heureuse d'avoir choisi comme point de départ de la mission le Sénégal, fut que je dus traverser, pour atteindre Say, la bouche du Niger dans sa plus grande largeur. Au cours de ma route je pus passer avec les chefs des divers Etats indigènes des traités de protectorat dont la validité fut acceptée par

(1) Félix Alcan, éditeur.

les puissances européennes auxquelles ils furent communiqués. C'était un succès qui mérite d'être signalé, car l'acte de Berlin de 1885, qui réglait à la fois le partage de l'Afrique et les conditions dans lesquelles pouvaient être réalisées des prises de possession nouvelles, exigeait l'occupation effective. Cette condition ne fut remplie que quelques années après, sous l'impulsion du général de Trentinian, gouverneur du Soudan.

Entre Say et Sokkoto mes travaux établirent l'indépendance de cette région par rapport à l'empire de Sokkoto, si bien qu'au cours des négociations avec l'Angleterre une partie de ces territoires au sud de la ligne Say-Barroua nous fut attribuée.

A Sokkoto l'empereur Haoussa me proposa un traité de protectorat de la même teneur que ceux que j'avais passés dans la boucle du Niger, je déclinai la proposition, respectueux de la convention de 1890.

Pour en terminer de suite avec la question, je pus établir l'indépendance absolue du Bornou par rapport au Sokkoto, ce qui dans les négociations ultérieures amena une rectification de la frontière idéale Say-Barroua à notre avantage.

Enfin, ma traversée du Sahara eut pour conséquence de faire rejeter vers l'est la limite de notre zone d'influence.

L'Angleterre ne pouvait négliger de s'intéresser aux progrès de ma mission en particulier au travers des territoires que nous avions reconnu relever de son autorité par l'acte de 1890. Mais dès les premiers mois de mon exploration le bruit du massacre de ma mission avait couru, bruit qui se trouva confirmé par l'absence de nouvelles. Un courrier que je confiai à Lanfiera en avril 1891, ne parvint en France qu'en 1893, après mon retour.

Ce fut seulement quand ma présence fut signalée au delà de Say, que les agents de la « Royal Niger Company » se préoccupèrent de s'opposer à mes progrès, parce que mon contact avec les chefs du Sokkoto et du Bornou devait avoir pour conséquence de montrer l'inanité des prétentions de l'Angleterre à étendre son protectorat sur ces régions.

Je pus constater à Sokkoto que la « Royal Niger Company » n'était pas fondée à invoquer un pacte d'alliance ou de protectorat, jamais un acte écrit n'était intervenu entre l'empereur de Sokkoto et les agents de l'Angleterre. De crainte que je ne réussisse à passer un traité, la « Royal Niger Company » dépêcha en hâte à Sokkoto un agent indigène influent pour indisposer les autorités Haoussa contre moi. Cette homme croisa ma mission au moment où je sortais de Sokkoto, me dirigeant vers Kano. Il eut toutefois assez de crédit pour me faire donner comme guide, jusqu'à Kano, un ancien soldat de la « Royal Niger Company », nommé Boubakar; sa compagnie ne fut pas sans me créer des difficultés, dont je parvins à m'affranchir cependant.

Si étaient fragiles les liens qui unissaient le Sokkoto à l'Angleterre, étaient nuls ceux qui liaient cette puissance avec le Bornou. Mac Intosch, agent supérieur de la « Royal Niger Company » à Yola, sur la Bénoué, le comprit et se mit lui-même à la tête d'une mission qui au commencement de 1892 arriva à Koukaoua. J'ai dit dans ma relation de voyage l'insuccès de cette mission et ses causes.

Toutefois, sur mon chemin, les obstacles s'accumulèrent de Kano jusqu'au Bornou, et c'est seulement arrivé à Koukaoua que je pus me rendre compte que toutes les manœuvres vexatoires et dilatoires qui avaient failli paralyser mon action, étaient dus aux agissements insidieux des agents de la toute puissante compagnie.

Si je prends acte de ces manœuvres qui pouvaient non seulement compromettre le succès de mon exploration, mais peut-être amener des calamités plus désastreuses, ce n'est pas dans le but d'introduire à posteriori, des discussions irritantes. Mais il faut voir dans ces faits, sinon l'origine du moins le développement d'un antagonisme qui va mettre aux prises pendant de longues années l'Angleterre et la France en Afrique. Les causes de cette rivalité il faut les rechercher dans la lutte activement menée de part et d'autre, pour annexer les territoires encore libres en Afrique, territoires qui formaient des marches entre les possessions françaises et anglaises. Dans les régions entre la côte occidentale, le golfe de Benin et le Niger, l'Angleterre eut nettement le dessous; grâce à l'activité de nos missions, en quelques années les hinterlands des colonies anglaises de Sierra-Leone, de la Côte d'Or, du Lagos, furent arrêtés sur leurs confins primitifs. Nos succès firent naître chez nos adversaires un ressentiment non déguisé et il est aisé de comprendre, que dans cet état d'âme, ils étaient disposés à épouser de manière aiguë des griefs vrais ou supposés qui sous l'empire de cette animosité prirent des proportions qui faillirent amener un conflit armé.

Ces griefs, au nombre de trois principaux, nous les exposerons au fur et à mesure de leur éclosion en les précisant à leur valeur réelle. Le premier est relatif à la mission Mizon. Nous avons dit que la mission Mizon avait un caractère surtout commercial. Au moment où elle fut organisée la « Royal Niger Company », devenue anglaise et subventionnée par le gouvernement, venait de se substituer à une compagnie dont les capitaux d'origine étaient français comme les administrateurs. Ce fut le but des organisateurs de la mission Mizon que de reprendre possession des marchés de la Bénoué qui étaient détenus désormais par la « Royal Niger Company ». Le « Sergent Malamine », navire de l'expédition, était chargé de marchandises qui seraient entreposées dans des comptoirs que la mission devait fonder sur les rives de la Bénoué. Le but poursuivi, s'il pouvait porter ombrage au commerce britannique, se défendait, en droit, puisque l'acte de Berlin avait stipulé que la navigation et le commerce étaient libres dans le bassin conventionnel du Niger.

Mizon, avons-nous dit, avait en outre accepté de pousser jusqu'au Tchad. Nous ne pouvons préciser quelles étaient les instructions gouvernementales à cet égard, et s'il lui fut donné connaissance de l'acte du 5 août 1890 afin qu'il en respectât et la lettre et l'esprit.

Mizon ne put parvenir au Tchad parce qu'un conflit aigu se produisit entre lui et la « Royal Niger Company » conflit qui se traduisit par la saisie du « Sergent Malamine » et le rapatriement de la mission française. Ce qui ne peut être contesté, c'est que

Mizon passa un traité avec le sultan du Maury qui mettait son pays sous le protectorat de la France, il fit de même à Yola avec le sultan de l'Adamaoua. Or, j'ai pu le vérifier sur place ces deux territoires relevaient incontestablement de l'empire de Sokkoto, donc ressortissaient à l'Angleterre.

Il fut argué aussi que Mizon avait établi des postes militaires à Maury et à Yola il semble que la « Royal Niger Company » a eu intérêt à identifier factoreries et postes militaires.

Quoi qu'il en soit il y eut de la part de Mizon une faute politique, le fait est indéniable et il me l'a confessé à moi personnellement; pour s'excuser il excipait que les droits de l'Angleterre sur le Sokkoto étaient hypothétiques, c'était exact, mais il n'avait pas qualité pour contrevenir à un acte diplomatique définitif.

Quant à l'acte de force de la « Royal Niger Company » il avait certainement dépassé le but, dans le dessein de se débarrasser d'un concurrent commercial.

Les deux gouvernements restèrent pendant de longues années irréductibles sur leurs positions et ce n'est qu'à date récente que l'affaire du « Sergent Malamine » a reçu solution.

Pour clore ce résumé sommaire de l'action convergente vers le lac Tchad des trois missions qui, parties en 1890, devaient atteindre ses rives, il faut signaler que, seule, la mission dont j'avais la direction parvint à l'objectif désigné. J'ai dit comment la mission Mizon fut arrêtée à la suite de son conflit avec la « Royal Niger Company ». Crampel fut moins heureux encore, il fut assassiné sur les confins des bassins de l'Oubanghi et du Chari par une bande de Senoussistes. Dans le but de venger sa mort, le Comité de l'Afrique française organisa une mission sous les ordres de M. Dybowsky; puis, quelque temps après, préoccupé surtout de faire aboutir le programme qui avait été dévolu à l'infortuné Crampel, le même comité envoya une deuxième mission, plus importante, sous la direction de M. Maistre, auquel furent adjoints MM. Clozel, de Béhagle, Brunache, Bonelle de Mézières. Cette mission, si elle n'atteignit pas le Tchad, réalisa du moins une exploration des plus fructueuses des bassins du Chari et du Lagone dans leur cours supérieur et revint en Europe par la Bénoué.

A la relation de mon voyage je désire ajouter un court appendice.

Au cours de ma mission, j'avais connu à Ségou un jeune officier de marine qui occupait les fonctions de chef de la flotille du Niger, le lieutenant de vaisseau Hourst. J'avais pu apprécier l'étendue de ses connaissances tant professionnelles que générales, la justesse de son esprit, ses facultés d'organisateur, l'énergie de son tempérament, l'urbanité de son caractère.

A mon retour à Paris je le trouvai un jour au Ministère des Colonies. Il me confia qu'il venait demander d'organiser une mission pour reconnaître la partie du cours du Niger qui était encore inexplorée entre Tombouctou et les chutes de Boussa, où avait péri, au début du siècle, le célèbre explorateur anglais Mungo Park. Je pus convaincre M. Delcassé de la nécessité de faire compléter la reconnaissance du cours du Niger, et Hourst obtint la mission qu'il sollicitait.

Hourst partit à l'automne de 1893, avec un bateau en aluminium, en tranches démontables, qu'il devait lancer sur le Niger à Koulikoro. Les troubles qui éclatèrent dans la région de Tombouctou retardèrent la mise à exécution de ce projet qui ne fut repris qu'en 1895. A l'automne de 1895 Hourst quittait Tombouctou accompagné du lieutenant d'infanterie de marine Bluzet, de l'enseigne de vaisseau Baudry, du docteur Taburet. A Tombouctou se joignit aussi à la mission le R. P. Hacquart, chef de la mission des Pères Blancs, qui, par sa connaissance de l'arabe, du Touareg et des dialectes indigènes de la région devait lui être du plus précieux concours.

Mais superficielle encore était la pacification des régions en bordure du Niger que la mission devait traverser; outre les hordes de Touaregs dissidents sur les deux rives, sur la rive gauche des bandes armées, commandées par des chefs, tels Ali Boury et Ahmadou Cheikou, que nous avions chassés des territoires de la rive droite, tentèrent de s'opposer à la marche de la mission. La situation qui en résulta devint assez critique pour que Hourst fût contraint de se retrancher dans une île du Niger, en aval de Say. Là, non sans anxiété, il attendait les événements, lorsque un événement fortuit lui apporta la délivrance.

Un matin on aperçut de l'île une vive agitation sur la rive gauche, les contingents ennemis qui la gardaient s'enfuyaient en désordre, en proie à une véritable panique. Peu après les assiégés voyaient une nombreuse cavalerie occuper sur la rive les emplacements désertés. Quels étaient ces cavaliers? Certainement des adversaires redoutés des premiers occupants, mais leur présence ne pouvait être d'heureux présage, Hourst et ses compagnons redoutaient au contraire d'avoir à lutter contre un nouvel adversaire plus puissant. Bientôt les nouveaux arrivés se mirent à la recherche de pirogues et l'une d'elle se détacha de la rive, portant un noir qui semblait être le chef, accompagné de quelques guerriers. Les occupants au cours de la traversée faisaient des gestes affirmant leurs intentions pacifiques et comme ils étaient peu nombreux, Hourst les laissa aborder.

Le chef alors se portant au devant de lui, se nomma en ces termes :

« Je suis Mokoroni le Serky (chef) d'Argoungou. Autrefois le capitaine (c'était le nom sous lequel j'étais connu des indigènes de la région) m'a sauvé la vie, j'ai appris qu'un chef de sa nation était en péril, je suis venu pour lui apporter mon concours. Tu dois être le frère du capitaine. »

Hourst lui confirma qu'il en était bien ainsi, et Mokoroni l'assura qu'il pouvait désormais continuer sa route sans souci, qu'il accompagnerait, en cheminant sur la rive gauche à leur hauteur, les embarcations jusqu'à ce qu'elles eussent franchi la zone dangereuse.

Quelques mots d'explication sont nécessaires pour faire comprendre l'acte du Serky d'Argoungou. Argoungou, situé sur la rive gauche du Mayo-Kebbi, affluent de la rive gauche du Niger, est à environ 300 kilomètres de Say. Le séjour de ma mission en ce lieu fut une des étapes les plus pénibles de mon voyage. Le Serky d'alors, père de Mokoroni, était un personnage redouté et sanguinaire qui s'était promis, avant mon arrivée annoncée, de faire de ma peau un tapis pour le banc d'argile qui lui servait de trône. Nos relations furent des plus difficiles, et auraient eu probablement une issue fatale pour mon voyage, si un incident fortuit n'était intervenu qui m'avait garanti contre les mauvaises intentions du Serky. J'ai dit dans ma relation comment le fils du Serky, Mokoroni, son héritier présomptif, était menacé de rester infirme à la suite d'une brûlure très grave qui avait intéressé toute la partie interne de la jambe droite et l'articulation du genou en particulier. Sollicité par la mère de soigner son fils, j'y avais consenti et grâce à la détente que l'exercice de mes fonctions nouvelles apporta dans mes rapports avec le peu traitable Serky, je pus, de nuit, m'enfuir d'Argoungou dans la direction de Sokkoto, sans être poursuivi. J'avais eu soin d'ailleurs de mettre la mère à même de faire le pansement journalier, je lui en avais laissé les éléments nécessaires, et lorsque je m'éloignai de ce lieu maudit, la plaie de mon malade était presque guérie.

Grâce à mes soins, ce beau gaillard put, avec ses forces revenues, reprendre son rang et quelques temps après il recueillait la succession de son père. Mais il conservait vis-à-vis du « capitaine » une reconnaissance profonde, c'est de cette reconnaissance dont il vint apporter à Hourst le témoignage précieux. Un blanc en détresse lui est signalé, il vole à son secours; il n'a pas la moindre notion des nationalités, mais ce blanc qui vient dans les parages que j'ai fréquentés avant lui, ne peut être que mon frère. Le hasard a voulu que c'était mon intime ami.

Ce trait qui serait honorable entre civilisés prend une valeur autrement significative quand, accompli par l'un de ceux que l'on considérait naguère, seulement comme des sauvages dépourvus de toute délicatesse de sentiments.

LES ORIGINES DE LA PÉNÉTRATION AU NIL.

VERS FACHODA.

Peu de jours après mon retour en France (22 décembre 1892), M. Delcassé prit les fonctions de sous-secrétaire d'Etat aux Colonies. J'eus l'occasion d'avoir avec lui des contacts fréquents, et volontiers il me demandait avis pour toutes questions concernant l'Afrique. C'était un esprit lucide et cultivé et aussi un travailleur.

Dans le courant du mois de mars au cours d'une conversation amicale, M. Delcassé me jeta d'un air détaché :

« Seriez-vous disposé à prendre le commandement d'une nouvelle mission très intéressante à la fois... » Je ne lui laissais pas le temps d'en dire davantage :

« Pouvez-vous sérieusement me faire une telle proposition, Monsieur le Ministre, je suis rentré depuis deux mois à peine, et vous savez qu'il ne m'a pas été possible de prendre un seul jour de repos. Je ne pourrais assumer présentement une tâche qui serait au-dessus de mes forces. »

L'entretien en resta là; mais le ministre avait l'idée tenace et dans le courant d'avril il revint à la charge ajoutant qu'il s'agirait d'établir une liaison entre le Congo et le Nil. Je pris quelque humeur de cette insistance, mais je trouvai une réplique qui me sembla devoir être péremptoire :

« Si tel est le but à poursuivre, Monsieur le Ministre, il faut vous adresser à quelque spécialiste des questions congolaises, tel de Brazza ou l'un de ses compagnons. Si j'ai réussi dans ma traversée d'Afrique c'est que je connaissais de longue date l'Afrique occidentale et le Soudan jusqu'au Niger, j'ai pu préparer ainsi avec certitude mes premières étapes, mais je ne connais rien du Congo. Exploration fructueuse implique une préparation sérieuse. »

Le ministre parut s'incliner et je me crus autorisé à conclure qu'en ce qui me concernait la question était liquidée.

Il n'en était rien; la suite des événements va le démontrer.

Le 3 mai je reçus de M. Delcassé un pneumatique que je reproduis ci-après pour bien préciser une date.

« Le 3 mai 1893.

« Mon cher Monteil,

« Venez me prendre demain matin à 10 heures au Conseil des Ministres, place Beauvau.

« (*signé*) Delcassé. »

Je fus exact au rendez-vous; à peine avais-je remis ma carte à l'huissier que M. Delcassé sortait du Conseil des Ministres et m'entraînait vers sa voiture dans laquelle il me fit monter. En même temps il me tendait un rapport volumineux en me disant :

« Etudiez-le, c'est un conflit entre Mizon et de Brazza, vous me donnerez votre avis. »

Et lui-même prenant des papiers, donnait l'ordre au cocher de se mettre en marche. Je fis comme le Ministre lui-même, je me plongeai dans le dossier. Mais quelques minutes ne s'étaient pas écoulées, la distance n'est pas longue de la place Beauvau, que la voiture s'arrêta, je levai la tête, nous étions dans la cour de l'Elysée. Je restai dans la voiture mais le Ministre m'invita à descendre. Mon regard l'interrogea :

« Je vais voir, me dit-il, si vous opposerez au Président de la République le même refus qu'à moi-même.

— C'est un guet-apens.

— Libre à vous de penser ainsi. »

Nous étions arrivés dans le cabinet du général Borius, secrétaire général de la Présidence. A notre vue il se leva et ouvrit la porte du cabinet du Président Carnot. Aussitôt celui-ci sortit vint à nous en me prenant par le bras m'entraîna vers son cabinet :

« Voyons, Monteil, acceptez.

— Monsieur le Président, répondis-je, vous êtes le chef de l'armée, le chef de la marine, donnez un ordre, j'obéirai. »

Nous entrâmes tous trois dans le cabinet présidentiel et je ne pus conserver aucune illusion sur le plan qui venait de se développer, les cartes étaient étalées sur le bureau.

La conversation s'engagea immédiatement :

« Le projet dont il s'agit, dit le Président, repose en entier sur la situation actuelle du Soudan Egyptien, lequel est *res nullius* au sens diplomatique du mot. En effet abandonné officiellement par le Khédive, seuls les Derviches, qui ont rompu tout lien de vassalité, l'occupent.

« Il importe de profiter de cette situation pour tenter de donner à nos établissements du Haut-Oubanghi un débouché sur le Nil par le Bahr el Ghazal. Le point choisi a été désigné par M. Prompt, un de mes camarades de Polytechnique, qui est actuellement chef des Travaux hydrauliques au Caire. Dans une brochure que je vous prie de garder (*le Soudan nilotique*, note lithographiée par M. Prompt, ingénieur des Travaux hydrauliques), M. Prompt signale comme point favorable à un établissement celui de Fachoda, petite localité située vis-à-vis d'une île du Nil en aval du lac Nô, embouchure du Bahr el Ghazal.

« Je vous remercie, commandant, d'avoir accepté de prendre la direction de la mission qui doit atteindre Fachoda. »

Je demandai alors au Président de préciser s'il s'agissait d'une simple exploration ou d'une occupation.

« Il faut *occuper* Fachoda, conclut M. Carnot. »

Je mis en avant que c'était là une opération complexe étant donnée la distance (mal estimée d'abord à 500 kilomètres alors qu'elle était en réalité de près de 2.000), des Abiras capitale du Haut-Oubanghi à Fachoda. Il faudrait créer une ligne de ravitaillement, jalonnée de postes, accumuler des approvisionnements, etc., c'était une véritable expédition. J'essayai de mettre la question au point, le Président se borna à me témoigner une absolue confiance, au nom du Gouvernement, me laissant libre des moyens d'exécution.

En terminant il me dit :

« Mettez-vous à l'ouvrage de suite, en choisissant votre personnel, et faisant engager au Sénégal les auxiliaires indigènes dont vous aurez besoin. Expédiez le plus tôt possible personnel et approvisionnements; vous aurez faculté de les rejoindre vers le mois de septembre après vous être reposé et avoir fait une cure à Vichy. »

Dès le lendemain je fis appeler, à Paris, le capitaine Decazes, ancien compagnon de de Brazza, je le pris comme adjoint. Deux officiers d'Infanterie de Marine, les lieutenants Vermot et François, un médecin de la marine, le Dr Viancin, complétèrent la mission et en hâte on fit achat d'approvisionnements et de marchandises de toute nature. Decazes et ses collaborateurs partaient le 10 juin par Dakar où ils devaient recruter 250 auxiliaires indigènes qu'ils emmenèrent ensuite à Loango puis aux Abiras. Vers la fin d'août j'expédiai au Congo avec des approvisionnements et du matériel le capitaine Julien qui avait appartenu à une mission organisée par le duc d'Uzès au Congo.

Libéré de ces premiers travaux, je m'appliquai à définir la situation, à me créer une âme congolaise.

J'étais nommé Gouverneur du Haut-Oubanghi, lequel constituait un territoire autonome détaché du Congo, mais je prenais le titre de Commandant supérieur du Haut-Oubanghi, parce que les fonctions attribuées au Gouverneur lui interdisait de quitter le territoire de la colonie, ce qui était avant tout ma destination éventuelle.

En consultant la correspondance je vis qu'il y était fait mention d'une mission sous la direction du duc d'Uzès, subventionnée par lui, sans attache officielle d'aucune sorte et qui se déplaçait à son gré dans le territoire. Elle comportait un effectif européen parmi lequel M. Jean Hess, le publiciste spécialisé dans les questions coloniales, le lieutenant Julien, hors cadres, et un certain nombre d'indigènes armés. M. Liotard résident des Abiras avait fait appel au concours de la mission d'Uzès pour venger le massacre, par une peuplade voisine, de l'administrateur M. de Poumayrac.

Je fis remarquer à M. Delcassé que je ne pouvais accepter que désormais une mission armée, non contrôlé dans ses actes, eût liberté de circuler dans le nouveau Gouvernement. Il fut de mon avis. Par relation je demande rendez-vous à Mme la duchesse d'Uzès qui avait organisé et subventionnait la mission de son fils. Je lui fit part des raisons qui militaient en faveur d'une situation plus rationnelle : ou la mission de son fils serait désormais sous mes ordres, ou elle devrait se dissoudre. Sans hésitation la duchesse accepta la première solution.

Mais à peu de temps de là, le duc Jacques d'Uzès mourait au moment où il ralliait la côte pour rentrer en France. Le Gouvernement reconnaissant du geste patriotique de la duchesse d'Uzès, me délégua officiellement pour assister à Uzès aux funérailles de son fils.

J'avais terminé mes préparatifs, mes bagages étaient rendus à Bordeaux pour le courrier du 10 octobre quand, à la veille de mon départ de Paris, arrive, envoyé par de Brazza, Commissaire général du Congo, un câblogramme disant de surseoir au départ de ma mission, les Belges de l'Etat Indépendant du Congo, menaçant d'employer la force pour l'empêcher de sortir de Brazzaville, afin de gagner les Abiras.

Dès la communication du câblogramme, je me rendis au ministère auprès de M. Haussmann, directeur politique. En l'absence de M. Delcassé, M. Haussmann avait demandé à M. Etienne de venir l'assister de ses conseils. Il fut arrêté de nous rendre tous trois au Ministère des Affaires étrangères conférer de l'incident avec le ministre M. Develle. Le résultat de la conversation fut que ce dernier convoquerait M. de Grelle Rogier, ministre à Paris de l'Etat Indépendant du Congo, afin d'obtenir de lui à la fois des précisions et le retrait de cet interdit qui pouvait être le point de départ d'un grave conflit.

Mais je ne fus pas mis au courant des causes origines du conflit. Je savais, par la correspondance, qu'il s'était à date récente passé dans le Haut-Oubanghi des événements de la dernière gravité, que M. Liotard, notre résident aux Abiras, avait été violenté, emprisonné même pendant quelques jours, par les agents de l'Etat Indépendant du Congo, mais lorsque je demandais des explications, il me fut seulement répondu de n'avoir pas à me préoccuper de ces incidents, qui étaient désormais réglés.

Comme il y aura lieu de revenir sur cette question, pour la traiter dans son entier ultérieurement, je me bornerai à relater que je fis à M. Develle deux nouvelles visites. Dans la première il me dit avoir vu M. de Grelle Rogier mais que ce dernier s'était montré irréductible et dans ses exigences, que le ministre ne précisa pas, croyant peut-être que je les connaissais, et dans sa ligne de conduite. J'insistai de nouveau auprès du ministre pour un règlement rapide, puisqu'il était urgent que je pusse rejoindre mon poste et exécuter la mission qui m'était confiée.

Dans une dernière visite M. Develle se montra plus hésitant et finit par protester que ses préoccupations étant beaucoup plus sérieuses, il n'avait pas eu le temps de revoir M. de Grelle Rogier. Il me fit alors confidence qu'un grave danger s'était subitement élevé sur le terrain de la politique étrangère, que l'Italie avait, à l'occasion de troubles survenus à Aigues Mortes, provoqué un *casus belli*, que seulement de la veille l'incident semblait définitivement apaisé, les troupes italiennes ayant été retirées de la frontière et à l'appui il me lut une dépêche du général Garnier des Garets, commandant du 15e corps d'armée.

J'avais mis au courant, par lettre, M. Delcassé qui se trouvait à Foix dans l'Ariège des péripéties qui se déroulaient à Paris, lorsque je lui rendis compte de la dernière entrevue avec M. Develle, il me demanda de venir le trouver.

Au cours de mon séjour auprès de lui, il fut décidé que mon expédition devait être renforcée pour, au besoin, s'ouvrir passage malgré l'attitude délibérément hostile de l'Etat Indépendant du Congo, mais qu'il était pour cela nécessaire d'obtenir des crédits du Parlement lequel ne devait se réunir qu'en novembre. Or à ce moment nous étions à la mi-octobre et en pleine période électorale. D'avis concerté entre les affaires étrangères et les colonies je ne pouvais rejoindre mon poste.

Dès qu'eurent pris fin les fêtes données en l'honneur de l'amiral Avelane, lesquelles paralysèrent pour un temps toutes les affaires, je me mis au travail pour soumettre au ministre les projets modifiés qui devaient servir de base aux nouvelles demandes de crédits et aussi dans le but d'éviter un conflit armé, un arrangement à intervenir avec l'Etat Indépendant du Congo concédant à celui-ci certains avantages territoriaux contre restitution des voies d'accès de l'Oubanghi au Nil qu'il détenait indûment.

Examinant la situation territoriale du Gouvernement de l'Oubanghi j'avais à me préoccuper de la frontière occidentale de nos possessions commune avec le Cameroun allemand. Cette frontière était purement fictive représentée par le méridien 14°40′ de Paris, 17° de Greenwich. J'attirai l'attention du sous-secrétaire d'Etat, dans un rapport, sur le caractère d'insécurité que représentait cette délimitation. Je laissai entrevoir que l'éventualité pourrait se produire que nous nous trouvions en présence, de ce côté, avec des difficultés analogues à celles qui nous mettaient aux prises avec l'Etat Indépendant du Congo. M. Delcassé approuva les conclusions de mon rapport qui tendaient au règlement définitif de cette question, par une délimitation plus précise basée sur un tracé géographique, et dans le but de se renseigner sur les intentions de l'Allemagne, il demanda à M. Herbette, notre ambassadeur à Berlin, qui était de passage à Paris, de venir s'entretenir avec lui.

M. Herbette eut avec le ministre un entretien prolongé, au cours duquel il lui fit entendre que malgré ses démarches réitérées il n'avait pu obtenir que le litige, depuis longtemps pendant, fût discuté avec le propos arrêté de le liquider. Il pensait que les atermoiements de l'Allemagne pouvaient masquer des convoitises qu'il ne pouvait préciser, mais qui lui semblaient devoir être surveillées, ce qu'il ne manquerait pas de faire. Ce langage un peu sybillin indisposa le Ministre, c'est lui-même qui me rapporta la conversation à laquelle je n'assistais pas. M. Delcassé prenant acte de la stagnation de la question, fit observer à l'ambassadeur que peut-être, ne se rendait-il pas un compte suffisant, de l'importance grandissante que la politique coloniale prenait sur le terrain international et que pour cette cause il était amené à traiter trop légèrement les questions qui s'y rapportaient. L'ambassadeur piqué au vif par cette sortie répliqua :

« Mais, Monsieur le Ministre, si tel est votre sentiment, envoyez à Berlin des délégués qualifiés, nous verrons s'ils arriveront à de meilleurs résultats. »

Mandé au cabinet du ministre après le départ de M. Herbette, M. Delcassé après m'avoir mis au courant de l'entretien ci-dessus rapporté, m'avisa qu'il donnait suite à la proposition de l'ambassadeur, qu'il allait faire le nécessaire auprès du Président du Conseil, que M. Haussmann et moi-même serions les délégués de la France à Berlin.

LA CONVENTION DE DÉLIMITATION DU CAMEROUN. DÉBUT DES NÉGOCIATIONS A BERLIN.

Les négociations pour la délimitation du Cameroun et du Congo français qui durèrent du 4 décembre 1893 au 4 février 1894, considérées à ce point de vue spécial, ne mériteraient qu'une mention sommaire. Mais les circonstances de la politique générale européenne d'une part, l'évolution temporaire, du moins, qu'elles marquèrent dans les tendances de la politique allemande vis-à-vis de la France, tendances affirmées de rapprochement voulu de la part de l'Empereur et de son Grand chancelier, le comte de Caprivi, donnèrent à ces laborieuses négociations une importance qu'il convient d'autant plus de mettre en relief, que les actes, qui les signalèrent dans leur cours, ou les suivirent, n'ont pas été interprêtés à leur valeur réelle ou n'ont pas été connus. A la lueur des événements ultérieurs, la grande guerre comprise, les faits dont la narration va suivre se hausseront à la hauteur de prodromes singulièrement éloquents.

Au moment où allaient s'ouvrir les négociations un événement capital s'était imposé à l'attention du monde entier, mais qui avait, en Allemagne, causé une impression profonde; l'amiral Avelane était venu à Toulon et à Paris rendre la visite de la flotte française à Cronstadt, c'était la consécration officielle de l'alliance franco-russe.

Ce fait nouveau, modifiait à l'avantage de la France, le déséquilibre des forces pondérables et impondérables que la victoire de l'Allemagne en 1870 avait créé en Europe. Désormais l'hégémonie de l'Allemagne sur l'Europe, dont l'expression était représentée par la Triple Alliance, se trouvait contrebalancée aux deux pôles continentaux Ouest et Est, aussi bien que dans la direction des pôles maritimes Nord et Sud, Baltique et Méditerranée. Si on ajoute que l'Angleterre, favorable dans certaine mesure à l'Italie, était animée de sentiments de défiance affirmée vis-à-vis de l'Allemagne, dont elle redoutait la concurrence maritime et commerciale, on aura estimé à sa valeur le nouveau pacte d'alliance qui restaurait, en pleine paix, la stabilité détruite par la guerre dernière.

Les dirigeants de l'Allemagne ne se firent aucune illusion sur l'importance de l'acte diplomatique qui venait de s'accomplir, importance que soulignait l'accueil triomphal que la France et Paris avaient réservé au représentant du Tsar, l'amiral Avelane; ils eurent l'habileté, au lieu d'en manifester une humeur irritée, de tenter d'en atténuer les effets en donnant des gages de conciliation aux nouveaux alliés. Dès le mois de décembre 1893, ils tendirent une main ouverte à la Russie, en offrant de négocier un traité de commerce depuis longtemps différé; pour la France ils acceptèrent l'ouverture d'une conversation qui devait liquider une question irritante, celle de la frontière commune du Cameroun et du Congo français. Et nous n'avançons pas, sous cette forme, une suggestion forgée à dessein, pour défendre une conception imaginaire. Les négociations ouvertes à Berlin, entre l'Allemagne et chacune des deux puissances, France et Russie, commencèrent à la même date, pour se terminer le même jour, et ces négociations, au cours des deux mois, subirent des fluctuations parallèles. Les négociateurs russes étaient dans le même hôtel que les négociateurs français; et notre agent de liaison, M. Raffalowitch, représentant financier de l'ambassade de Russie à Paris, était depuis longtemps en amicales relations avec M. Haussmann et moi même. Lorsque M. Raffalowitch nous avisa que la signature de la convention russe aurait lieu le lundi 5 février, nous pûmes lui répondre que nous mêmes signerions la nôtre le samedi 3 février.

Au cours du développement des menus incidents suggestifs, et des faits plus notoires qui marquèrent nos négociations dans la capitale allemande apparaîtra aux yeux, même les plus prévenus, que la politique allemande préparait une évolution pour se rapprocher des nouveaux alliés, et que pour parvenir à ses desseins elle était disposée à donner des gages tangibles de ses bonnes dispositions à leur égard.

Dès notre arrivée nous fûmes présentés par notre ambassadeur, M. Herbette, au baron de Marshall, Ministre des Affaires étrangères de l'Empire. Cette présentation fut brève. A peine terminée, le baron de Marshall faisait introduire les deux délégués allemands qui devaient discuter avec nous les bases de l'accord. Le premier d'entre eux était le docteur Kayser, directeur de l'Office Colonial, le second le baron von Dankelmann. Le docteur Kayser était un diplomate fin et courtois qui avait été secrétaire de Bismark lors de la Conférence de Berlin, laquelle avait décidé du partage de l'Afrique; le baron von Dankelmann avait les allures un peu infatuées du hobereau prussien, au demeurant correct et froid, nous n'eûmes pas à nous plaindre de nos relations avec lui; il avait quelque connaissance des colonies allemandes comme aussi le docteur Kayser qui avait visité l'Est allemand.

Après échange de nos noms, le baron de Marshall nous convia à nous retirer ensemble dans un salon pour y commencer de suite nos conversations. Cette première séance nous fut pénible, et nous laissa l'impression à mon collègue et à moi, que la tâche, malaisée déjà en elle-même, semblait dès l'origine se compliquer de réticences voulues, de mauvais vouloir délibéré. En effet, aucune question ne fut abordée dans cette première séance sans que les délégués allemands ne nous opposassent qu'ils n'étaient pas qualifiés pour la traiter. En se retirant après deux heures d'efforts inutiles, pour vaincre cette sorte d'inertie préméditée, les délégués français emportaient la conviction qu'il existait une tactique arrêtée par le Ministère allemand des Affaires étrangères pour faire échouer ces pourparlers d'allure extra-diplomatique.

Avant d'exposer dans leurs grandes lignes les différentes phases de ces négociations il est indispensable de présenter, dans leur cadre, les personnalités dirigeantes de l'empire qui en dominèrent et la marche et l'issue: l'Empereur, le Grand chancelier de Caprivi, le baron de Marshall.

L'EMPEREUR GUILLAUME II DE SON APOGÉE A SA CHUTE

Je me rends compte des difficultés de la tâche que j'entreprends et que je veux accomplir avec l'impartialité d'un historien véridique, celle de définir la physionomie et les actes de ce personnage complexe, insaisissable qui fut l'Empereur Guillaume II.

A son égard toutes les préventions étaient éveillées, dès l'époque, aussi bien en France qu'à l'étranger, et cependant, il était en 1894 au début de sa période ascendante de puissance et de rayonnement qui, pendant vingt ans encore, devait se poursuivre et s'accroître. Comédien, impulsif dangereux, étaient les qualificatifs qui lui étaient unanimement attribués et les événements qui ont précédé et provoqué sa chute profonde semblent là pour attester que ces qualités, caractérisant parfaitement le personnage, devaient régir ses actes.

A l'encontre la nation allemande lui a été et lui reste encore reconnaissante, jusque dans son infortune présente, d'avoir réalisé l'unité allemande sous son sceptre, d'avoir porté à un degré inouï la prospérité économique et le rayonnement moral de l'Allemagne, d'avoir encouragé, quand pas découvert, les hommes qui dans la métallurgie, les constructions navales, dans les différentes branches de l'activité industrielle et commerciale ont assuré la richesse de l'empire, la prédominance de son commerce sur les marchés du monde; d'avoir enfin donné à cette ossature économique l'armature de défense correspondante, savoir : une armée et une marine incomparables.

Ces deux jugements opposés, et qui semblent vrais tous deux, montrent qu'on ne peut juger l'homme si on le détache de son ambiance. C'est à cette ambiance que nous voulons essayer de restituer le personnage.

Guillaume II fut avant tout *un Germain, un Germain auquel rien de ce qui était allemand ne pouvait rester étranger.* Cette idiosynchrasie explique sa force d'expansion communicative et aussi ses manifestations, théâtrales pour les étrangers mais de mentalité bien allemande, dans tous les domaines : industrie, commerce, marine, littérature, sciences et arts; impulsif, il déclanchait le mouvement dans toutes les branches de l'activité germanique.

Les critiques, même au sein de son pays, ne lui manquaient pas mais les conquêtes constantes accomplies par la diffusion du génie allemand au travers du monde l'encourageaient à persévérer. Et pour être juste, il faut constater qu'en dehors des réalisations pratiques qui faisaient de l'Allemagne la rivale des nations les plus puissantes au point de vue commercial, l'Angleterre et les Etats-Unis, la pensée allemande rayonnait avec autant de vigueur par sa littérature, par sa philosophie, par ses doctrines scientifiques.

Pendant vingt ans, on doit le reconnaître, l'Allemagne fut la dominatrice du monde.

Les souverains que l'histoire offre à notre admiration furent grands non seulement par leurs talents personnels, mais surtout par la qualité des collaborateurs qu'ils surent découvrir et s'associer pour le gouvernement de leurs peuples. C'est sous la même aspect que l'histoire apportera un jugement définitif sur le règne de Guillaume II, considéré comme souverain allemand.

Mais à notre époque de communications rapides, mêmes instantanées, d'évolutions qui en suivent le cours, une puissance dont le rayonnement était celui de l'Allemagne ne pouvait vivre sa vie propre sans influencer celle des nations voisines. Cette pénétration, quasi journalière, des manifestations de tous ordres qui constituent la vie internationale, commande le tact, la pondération, la mesure. Un chef d'Etat, un homme d'Etat en Europe tout en restant fils de sa race, organe de sa nation, doit être en même temps un « Européen », c'est-à-dire posséder la faculté qui lui permette de s'adapter à la mentalité propre des autres nations. A cette condition seulement il lui est possible d'harmoniser les conceptions et les actions qui intéressent son pays avec les aspirations également légitimes des peuples voisins.

La tare de Guillaume II en tant que chef d'Etat Européen est d'être resté un *Germain* et *seulement un Germain*. Dans le domaine de la politique extérieure, en effet, Guillaume II appliqua les mêmes méthodes qui lui réussissaient dans son propre pays, mais aiguisées en outre par le manque de psychologie, caractéristique de l'âme allemande, vis-à-vis de l'étranger. Ses actes extérieurs furent impulsifs, marqués au coin d'un cabotinage de mauvais aloi, entourés d'une mise en scène vulgaire souvent, excessive toujours.

Ses provocations oratoires, ses apostrophes emphatiques empruntées aux héros des légendes du Nord étaient maladroites, préméditées sans tenir compte de l'opportunité à les produire; elles indisposaient à la fois les voisins peu enclins à la sympathie, mais aussi ses allées et beaucoup de ses propres sujets, quand elles ne mettaient pas en situation difficile les membres du Gouvernement d'Empire responsables de ses actes devant le Parlement. Toutes ces manifestations bruyantes, perdant l'ambiance limitée de l'Allemagne, s'extériorisant, faisaient régner en Europe la perpétuelle appréhension d'un danger qui, se développant dans des conditions fortuitement favorables, pouvait conduire l'Europe à une conflagration générale.

Nombreux sont ceux qui ont voulu voir dans ces manifestations révélatrices d'une sorte de déséquilibre mental, les conséquences du déséquilibre physique dont l'Empereur était affligé. Guillaume II en effet est infirme, son bras gauche est atrophié, il éprouve des suintements douloureux de l'oreille; ces indices de dégénérescence physique semblent relever d'une constitution malsaine. Nous ne croyons pas cependant que l'état physique ait été la cause déterminante de cette agitation désordonnée; il faut à notre avis chercher celle-ci dans une véritable obsession mentale qui a dominé, presque depuis sa naissance et jusqu'à sa chute, toutes les pensées, conduit tous les actes de Guillaume II. Cette obsession fût « la haine de l'Angleterre ».

Quand enfant il eut conscience de son infirmité, il en fit remonter la responsabilité à sa mère, « *l'Anglaise*, qui avait vicié le sang généreux des Hohenzollern ». Il disait un jour à un de ses camarades d'enfance, un jeune Américain, M. Poultney Bigelow, qui me l'a rapporté, alors qu'il se comprimait le pouce pour faire sortir le sang à la suite d'une coupure :

« Si la dernière goutte de sang anglais pouvait sortir ! »

Et la parole s'accompagnait d'une expression de physionomie farouche.

Cette haine s'accentua au cours de son adolescence; on l'isola du contact des autres princes allemands, il fut élevé suivant l'expression acceptée en Allemagne « comme le fils d'un lieutenant de la garde à pied », et il avait la conviction que si son père devait vivre, conseillé par Bismark, il serait évincé du trône que l'on destinait à son frère le prince Henri de Prusse. Et de toutes ces misères et vexations il faisait remonter la responsabilité à sa mère, l'Anglaise, qui exerçait son influence, partagée par le seul chancelier de fer, sur son mari le futur Frédéric II, à son détriment.

Aussi parvenu au pouvoir suprême la haine de l'Angleterre lui insuffla l'activité fébrile qu'il manifesta dans toutes les branches de la vie allemande. Il se réjouissait, que tout effort ou progrès réalisé dans les domaines économique et maritime, fût une atteinte à la prospérité de la nation abhorrée.

Il est aisé de donner les preuves de cet antagonisme déclaré : la dépêche au Président Krüger au cours de la guerre des Boers; l'incident de Tanger où Guillaume II manifesta que l'Angleterre n'avait pas qualité pour céder le Maroc à l'influence française; la protestation de l'Allemagne en 1894 que l'Angleterre n'avait pas le droit de violer l'acte de Berlin en cédant au Congo belge une enclave sur le Nil, hors du bassin conventionnel du Congo; la lutte ouverte dans les mers de Chine pour porter atteinte à la prospérité de Chang-Haï et de Hong-Kong, etc., etc.; nous apporterons d'autres précisions encore.

Nous ne voudrions pas clore cette étude rapide sans jeter un coup d'œil sur l'acte insensé, ou réputé tel, qu'accomplit en 1914 Guillaume II parvenu au sommet de sa toute puissance.

Il est certain que l'Empereur déclara la guerre, de propos délibéré; mais cet acte fut-il un geste d'orgueil suprême, ou lui fut-il imposé par des circonstances qu'il lui était impossible de dominer, qui, si elles se développaient conduisaient fatalement à la ruine l'Empire qu'il avait rendu prospère.

C'est ici l'occasion de montrer encore que les causes apparentes des guerres, ne doivent pas être confondues avec les causes réelles qui échappent à l'appréciation des contemporains. Seule est vraie cette formule que nous avons souvent défendue : *La guerre est la solution violente d'un problème économique.* Comme les grandes guerres qui l'ont précédée la guerre de 1914 fut pour l'Allemagne une guerre économique et cependant la cause apparente fut l'aide portée par l'Allemagne à l'Autriche, pour asservir la Serbie.

Or, remontons un peu l'histoire : guerre de Hollande sous Louis XIV. Les Hollandais ont frappé une médaille injurieuse à l'effigie du roi Soleil; ce fut la cause apparente de la guerre. Cause réelle ; Colbert éprouve la nécessité d'étendre ses œuvres de colonisation, dans ce but il faut créer une marine de commerce et une marine de guerre pour la protéger. La Hollande détient la maîtrise de la mer, mais elle est accessible par terre, d'où la guerre de Hollande.

Toutes les guerres de Napoléon Ier, quoiqu'en disent les historiens, furent des guerres économiques. Ces guerres furent suscitées et souvent soudoyées par l'Angleterre depuis la paix d'Amiens jusqu'à la campagne de Russie. L'Angleterre ne pouvait accepter qu'une puissance maîtresse de la presque totalité de l'Europe continentale, pût se substituer à elle dans l'approvisionnement des marchés qu'elle détenait jusque là.

La guerre de 1870 fut une guerre économique quoique la cause apparente en soit la dépêche d'Ems.

Avant le traité de Francfort qui nous fut imposé pour favoriser le commerce allemand, avait eu lieu à Versailles la fondation de l'Empire. Cette fondation ne pouvait résulter que de la victoire des princes allemands coalisés; mais réalisée, elle rendait possible par la suppression de toutes barrières douanières intérieures l'essor économique de l'Allemagne unifiée.

Si nous tentons d'appliquer la formule à la guerre de 1914, les indices sont nombreux qui vont montrer l'Empire allemand acculé à la guerre, malgré une prospérité économique apparente. Apparente en effet mais non réelle. Rappelons l'incident de la « Panthère », à Agadir, ce fût une opération de chantage. L'Allemagne prétendait occuper un point de la côte marocaine pour protéger les intérêts de ses nationaux. Le Ministère Caillaux pour obtenir le retrait du navire allemand et faire reconnaître par l'Allemagne notre protectorat sur le Maroc, consentit à celle-ci des avantages territoriaux au Congo français, aux dépens de la convention que nous avions négociée en 1894, et dont les cercles coloniaux allemands n'avaient jamais été satisfaits. Mais en outre, ce que le public ignore, c'est que la France fit les frais de trois liquidations des fonds allemands à la Bourse de Berlin en 1911, et ces opérations furent très onéreuses pour les finances de notre pays.

La situation financière du Gouvernement allemand n'était donc pas prospère et ce qui confirma cet état de choses fâcheux, fut le résultat désastreux d'un emprunt intérieur de 1 milliard au commencement de 1913. L'emprunt ne fut pas couvert.

Le Gouvernement allemand s'était livré à des dépenses hors de proportion avec ses ressources pour créer l'outillage militaire formidable qu'il devait utiliser pendant la guerre de 1914. Il était donc réduit aux expédients et une guerre heureuse pouvait seule, par imposition d'une contribution de guerre formidable, à la France vaincue, par exemple, le remettre à flot. Cette éventualité d'une guerre possible n'échappa pas à notre Gouvernement, qui en cette prévision fit voter la loi des trois ans.

Ajoutons qu'économiquement parlant aussi, le gouvernement allemand était acculé à la guerre, car il avait avantage à utiliser son matériel avant que les progrès des autres puissances n'en eussent amoindri la valeur. Et les événements lui donnèrent raison; nous fûmes surpris au début par les effets de son artillerie à grande puissance sur les forts de Liége, Namur, Anvers, Maubeuge; par la prédominance de son artillerie lourde sur les champs de bataille, par son aviation, par ses sous-marins, par la puissance de sa flotte qui se montra presque l'égale de la flotte anglaise à la bataille de Jutland, etc., etc.

Si la situation financière du gouvernement était peu brillante le commerce et l'industrie allemands traversaient une crise grave; pour déplacer des marchés mondiaux les puissances rivales, les commerçants allemands avaient consenti des crédits à long terme qui pesaient lourdement sur l'ensemble des affaires.

Enfin, autre cause, le développement industriel et maritime avait augmenté en nombre formidable les adhésions au parti socialiste; les troubles, les grèves se multipliaient, le gouvernement se confirmait dans l'idée d'une guerre nécessaire, comme dérivatif à ces sentiments de désaffection des masses. C'était encore là une forme de la crise économique sans issue. Guillaume II *voulut* « la guerre fraîche et joyeuse » parce qu'à cette heure, *le salut de l'empire d'Allemagne était en cause.*

On a dit, avec persistance, que si l'empereur d'Allemagne eut été certain que l'Angleterre se rangerait aux côtés de la France il n'eût pas déclaré la guerre. Cette affirmation est contredite par un fait précis. Le jour même de la déclaration de guerre, le 2 août, l'escadre française sortit de Cherbourg pour se porter au-devant de la flotte allemande signalée dans la mer du Nord. Incontinent la flotte anglaise sortit de Plymouth. Les deux flottes naviguèrent de conserve, à distance; mais l'amiral anglais signala que si la flotte allemande attaquait, il soutiendrait la flotte française dans son action. Quand les deux flottes sortirent du Pas-de-Calais, la flotte allemande était en vue, elle fit aussitôt demi-tour à toute vapeur pour regagner sa base. Guillaume II, le jour de la déclaration de guerre, au plus tard, était fixé sur l'attitude de l'Angleterre. Nous pouvons ajouter qu'il l'était auparavant, ou mieux qu'il dédaignait la flotte anglaise comme il marqua son mépris pour « la misérable petite armée anglaise ». Il comptait sur ses sous-marins pour forcer la flotte militaire à rester dans ses ports, pour ruiner la marine marchande de l'Angleterre et affamer ses habitants.

A ce moment l'orgueil et la présomption des Allemands étaient tels qu'ils tenaient en parfait mépris leurs adversaires, aussi les lois les plus sacrées de la guerre et du droit des gens.

L'attaque brusquée devait les conduire à Paris en moins d'un mois, alors la guerre était gagnée quelle que fut la quantité de leurs autres adversaires. La victoire, on le sait, leur échappa à cause du mouvement vers l'est de l'armée de von Kluck; ce mouvement mit en éveil la sagacité de Gallieni, Gouverneur de Paris qui, par un trait de génie, déclancha sur le flanc ennemi la bataille de l'Ourcq (1) et obligea celui-ci à la retraite. Il est juste de dire que si Gallieni eut l'éclair de génie, le généralissime général Joffre sut se laisser convaincre et donna l'ordre de l'attaque générale des armées française et anglaise. Gallieni reste l'initiateur de la Bataille de la Marne, le général Joffre a gagné la Bataille de la Marne.

Mais quelle est la cause véritable de cette manœuvre de von Kluck. Toutes les interprétations données du côté français sont des suppositions, toutes celles données du côté allemand sont fausses. L'armée allemande se croyait la victoire assurée parce

(1) Voir sur cette période la brochure *Gallieni*, par M. G. Grandidier, secrétaire du gouverneur militaire de Paris.

que sa mobilisation avait anticipé sur la nôtre, qu'en envahissant la Belgique elle nous obligeait à une modification hâtive de notre front de combat, qui dès lors ne pouvait présenter une résistance suffisante, qu'enfin son matériel possédait sur la nôtre une écrasante supériorité.

Mais ce serait compter sans l'orgueil de la caste militaire et surtout du Grand Etat-major allemand que de croire, que l'Allemagne pût se borner à gagner la guerre par un écrasement de l'adversaire sous la puissance des effectifs et du matériel. Non, il fallait que la victoire consacrât la supériorité de l'organisation militaire allemande, mais surtout et avant tout l'ampleur et la sûreté des conceptions stratégiques du Grand Etat-major. Il fallait que ce génie militaire français, Napoléon, fût éclipsé à jamais, et que Guillaume II prît sa place dans l'admiration des générations à venir.

Or, incontestablement, la plus belle manœuvre stratégique de Napoléon fut la capture de l'armée entière du général Mack sous Ulm, après l'avoir contraint à s'y réfugier (1805).

Quelle gloire incomparable devait rejaillir sur le Grand Etat-major et sur son chef Guillaume II, si l'on manœuvrait l'armée de Joffre de manière à la couper de la Loire et la forcer, soit à chercher l'abri du camp retranché de Paris où elle serait encerclée, soit à retraiter par la vallée de la Seine vers la mer, où, acculée, elle serait une proie facile!

C'est cette opération stratégique de grande envergure qui fut tentée, *mais qui ne sera jamais avouée par l'Allemagne parce qu'elle n'a pas réussi*. Elle est la seule raison défendable du mouvement de glissement vers l'est de l'armée de von Kluck parce que par ce mouvement était ouverte la poche où l'armée de Joffre devait trouver son tombeau. Le développement de la manœuvre d'encerclement est facile à préciser; le kronprinz était à l'aile marchante, sa mission était de contenir, en faisant front à l'est, les armées de Verdun et des Vosges, pendant que les autres armées allemandes pivotant autour de celle de von Kluck auraient coupé le front français vers Vitry-le-Français et continuant leur mouvement par la rive gauche de la Marne puis de la Seine auraient rejeté l'armée de Joffre dans la direction de Paris et de la basse Seine.

Le redressement de la Marne fut le miracle des impondérables, affirment les Allemands, voulant couvrir leur défaite sous cette invocation, révélatrice d'ailleurs de leur absence de psychologie; ils ne pouvaient, arguaient-ils, s'attendre à la réaction victorieuse d'une armée qu'ils considéraient comme entièrement démoralisée par une retraite prolongée, ils ne pouvaient prévoir qu'au mépris de règlements qui leur étaient connus, le Gouverneur militaire d'un camp retranché pût quitter l'abri de ses forts pour livrer bataille en rase campagne. Mais la cause de cette réaction ils se gardent de la mettre en relief, et cette cause particulièrement cuisante pour leur amour-propre est que la victoire de la Marne constitue la preuve la plus irréfutable de la supériorité de la tactique et de la stratégie françaises, puisque nos chefs militaires se sont assuré le succès, en surprenant l'armée allemande en *flagrant délit de manœuvre.*

Plus tard « la course à la mer » fut une nouvelle victoire de la stratégie française.

Ainsi, par infatuation, pour affirmer à la face du monde la supériorité de leurs conceptions militaires, les Allemands, lâchant la proie pour l'ombre, ont perdu la victoire, en négligeant de marcher sur Paris qui à ce moment était à leur merci. C'est ici le lieu de rappeler le proverbe latin : *Quos vult perdere Jupiter dementat.*

Sous cette digression un peu prolongée le lecteur voudra comprendre que nous avons désiré définir sous ses différents aspects la personnalité complexe de Guillaume II de l'apogée de sa puissance à sa chute. C'est en effet à cette date de 1894 qu'il faut faire remonter la conquête définitive de l'âme allemande par le virtuose qui pendant vingt ans sut la tenir en haleine.

Au lendemain de son accès au trône, Guillaume II, brutalement, donna congé au chancelier de fer, le prince de Bismarck, qui, sous le long règne de son grand-père et celui plus éphémère de son père, avait réalisé non seulement l'unité de l'empire grâce aux victoires sur l'Autriche et la France, mais encore satisfait aux inspirations les plus intimes de la race. Par lui l'Allemagne unie au dedans, était réputée redoutable au dehors. L'orgueil allemand s'exaltait au souvenir des phases de l'œuvre de son génie national, où la ténacité dans la poursuite, le disputait aux moyens violents ou suspects employés pour aboutir aux desseins conçus. Aussi l'acte d'ingratitude délibéré du nouveau souverain, c'était l'expression courante, fut-il accueilli par la masse comme un outrage immérité infligé au génie tutélaire de l'Allemagne.

Jusque là (1894) Guillaume II avait supporté l'impopularité résultant de cet acte de notoire injustice, mais sa haine implacable dont nous avons donné les causes, ne pouvait s'accommoder d'un rapprochement qui eût semblé être, de sa part, une capitulation devant l'opinion, laissant prévoir le retour aux affaires du chancelier disgracié. Il attendit l'heure, la circonstance favorable, où il pourrait se donner le rôle d'accomplir une mesure gracieuse, en même temps qu'agréable à son peuple. Le chancelier lui fournit lui-même les arguments destinés à légitimer sa conduite passée, à grandir l'acte de réparation qui devait intervenir. Bismarck, en effet, supporta sans sérénité d'âme sa disgrâce; Fredrichsruhe, lieu de sa retraite, retentit de ses lamentations rageuses, devint le siège d'une hostilité sourde que le comte Herbert de Bismarck, son fils, répandait au dehors par des commentaires peu bienveillants sur le gouvernement personnel de l'ancien pupile. Mais de ces intrigues peu à peu les échos s'affaiblissaient, un jour vint où le sanglier forcé se sentit impuissant.

Guillaume II saisit cet instant pour tenter une réconciliation publique, sous la forme d'une visite que lui ferait Bismarck à Berlin. J'eus l'occasion d'assister au retour de Bismarck; ce fut une entrée triomphale par la porte de Brandebourg. Au devant du vieux chancelier, revêtu de son uniforme de colonel des cuirassiers blancs de la garde, se portèrent tous les princes allemands, qui au long des Linden, au milieu de la haie des troupes en grand uniforme de gala, lui firent cortège jusqu'au vieux château où Guillaume l'attendait pour lui donner l'accolade scellant l'oubli du passé. Au cours du trajet, une foule innombrable accueillit de ses hourrahs enthousiastes, l'apparition, si impatiemment attendue, du fondateur de l'empire. Ce fut une grandiose apothéose.

Mais vers trois heures de l'après-midi Guillaume II sortit à son tour du vieux palais, l'enthousiasme fut à son comble, et quand il rentra les souvenirs de l'apothéose du matin et de celui qui en avait été l'objet, étaient effacés. C'est inaperçu que le vieux lutteur quitta Berlin où il ne devait plus rentrer, pour regagner sa retraite. Il fallut que sonnât l'heure de sa mort, pour rappeler au peuple qu'un grand allemand venait de disparaître, qu'il avait presque oublié. Guillaume II avait gagné la partie engagée dont sa popularité, désormais assise, constituait l'enjeu.

Revenant à cette époque nous allons voir le pouvoir personnel de Guillaume II s'exerçant au moment de la consécration de l'alliance franco-russe, soit directement, soit par l'intermédiaire de ses réflexes, le Grand chancelier de Caprivi et le baron de Marshall.

Le Grand chancelier de Caprivi avait succédé à Bismarck. Officier général de grande valeur, il était estimé particulièrement pour sa bravoure et sa loyauté; on l'appelait : « le Bayard allemand ». Descendant d'une famille française, émigrée à la suite de l'édit de Nantes, il était affable et courtois; il ne semblait pas avoir conservé contre ses compatriotes d'autrefois, les sentiments d'hostilité haineuse que nombre de familles huguenotes déracinées leur témoignaient, bien injustement d'ailleurs, quand elles en trouvaient l'occasion; il semblait qu'elles se donnaient la vaine satisfaction de se montrer deux fois allemandes. Très attaché à l'empereur le chancelier possédait sa confiance.

Le baron de Marshall était le ministre des Affaires étrangères.

de l'empire. C'était un diplomate de carrière mais diplomate de talon plutôt que de salon. Elevé à l'Ecole de Bismarck il ne répugnait ni aux violences délibérées ni aux manœuvres où sa duplicité s'exerçait même contre les alliés de son maître, ainsi qu'il apparaîtra dans la suite.

Notre venue à Berlin, voulue par l'empereur, avait été déconseillée par lui. Son orgueil s'insurgeait contre cette éventualité qu'une question sur laquelle il s'était montré intransigeant pourrait être reprise par ses subordonnés et peut-être conduite à solution. C'étaient ses propres instructions qui avaient commandé l'attitude des délégués allemands lors de la première séance.

DERNIÈRE PHASE DES NÉGOCIATIONS A BERLIN

Dès le début de la seconde séance, qui eut lieu le lendemain, nous nous trouvâmes en présence d'un même mauvais vouloir. Alors, sans attendre davantage, nous rompîmes les négociations et je sortis de la salle des séances. Je n'étais pas au bout de la Wilhelmstrasse qu'un employé vint me demander de revenir, ce que je fis; les délégués allemands, qui avaient eu le temps d'aviser leurs chefs, marquèrent un changement dans leur conception de la discussion et ce changement se maintint pendant le cours du mois de décembre.

Alors seulement nous pûmes connaître l'aspect de la question, considéré du point de vue allemand. Le 14°40 était bien pour les Allemands une limite purement fictive, qu'ils entendaient franchir à l'occasion, prétendant que l'hinterland du Cameroun pouvait s'étendre jusqu'au Nil. Heureusement à ce moment de Brazza venait d'occuper la Sangha en y établissant des postes, et j'avais de mon côté prescrit au commandant Decazes d'envoyer le lieutenant Julien fonder un poste sur le Chari. Nous nous trouvions donc, pour les territoires à l'est de Cameroun, dans le cas d'occupation effective prescrite par l'acte de Berlin. C'était fait nouveau pour les Allemands, ils furent obligés de s'incliner devant les preuves formelles que nous leur apportâmes; dès lors leur thèse était défaillante et l'établissement d'une frontière géographique s'imposait. La discussion de cette frontière occupa la deuxième quinzaine de décembre, mais nous voulions au nord accéder à la Bénoué en un point fort à l'ouest du 14°40; les Allemands demandaient des compensations que nous trouvions légitimes.

En réalité la frontière géographique devait serpenter autour du méridien 14°40 en donnant satisfaction aux aspirations des deux parties en cause. Nous désirions accéder au dernier point navigable de la Bénoué, de manière, par cette rivière, à établir une communication entre la France et nos futurs établissements de la vallée du Chari et du Bassin de Tchad; les Allemands, par compensation, demandaient que leur fussent attribués des territoires pour atteindre le Sangha. Nos instructions étant insuffisantes, de concert avec M. Haussmann, il fut décidé que j'irai à Paris exposer la question au Ministère des Affaires étrangères, et en même temps demander que des pouvoirs plénipotentiaires nous fussent attribués pour signer un protocole concernant l'arrangement que nous espérions réaliser.

Le 24 décembre, dès mon arrivée, je fis un rapport détaillé que je portai à M. Nisard, directeur politique du Ministère des Affaires étrangères, et le 3 janvier j'étais de retour à Berlin rapportant l'acceptation, par le Ministre, des conclusions de ce rapport.

A cette date se place un incident qui, pour regrettable en lui-même, n'était certainement pas voulu de notre part, mais qui s'ajouta aux griefs que l'Angleterre accumulait, avec mauvaise grâce, contre l'activité de notre action au centre Afrique.

Avant de quitter Berlin pour Paris, j'étais allé faire visite de congé à notre ambassadrice Mme Herbette. Dans son salon je trouvai lady Mallet, femme de l'ambassadeur d'Angleterre, sir Edward Mallet. Lady Mallet entendant parler de mon départ, le crut définitif, et, en effet, dans les cercles diplomatiques on croyait à l'échec de nos négociations, étant donnée l'hostilité connue du baron de Marshall, qui s'était, la veille encore, montré mal disposé pour leur continuation.

« Je regrette votre départ, commandant, car, précisément, je venais demander à Mme l'ambassadrice de France de vous transmettre en mon nom et celui de sir Edward Mallet, à M. Haussmann et à vous-même, une invitation à dîner à l'ambassade d'Angleterre. »

Je tranquillisai lady Mallet en l'assurant de mon retour pour les premiers jours de janvier :

« Alors, ajouta-t-elle vivement, voulez-vous accepter de dîner à l'ambassade d'Angleterre le soir du jour de votre retour à Berlin? »

J'acceptai en mon nom et au nom de mon collègue, auquel je devais transmettre l'invitation.

Dans le train qui me ramenait à Berlin, parcourant les journaux, j'y lus le récit de l'incident de Vraïna : Un détachement français, commandé par le lieutenant Maritz, poursuivant une bande de Sofas de Samory, armée de fusils à tir rapide, avait franchi, sans le savoir, la frontière de la colonie anglaise de Sierra Leone et, trompé par une brume épaisse, le matin, avait engagé le combat avec un détachement anglais, croyant avoir devant lui des Sofas de Samory. Il y avait eu tués et blessés de part et d'autre, un officier anglais et le lieutenant Maritz étaient parmi les morts.

Sous l'empire de cet incident, le dîner à l'ambassade d'Angleterre fut glacial, malgré l'amabilité déployée par nos hôtes. A l'issue du dîner, nous passâmes au fumoir et très loyalement sir Edward Mallet, venant à moi, s'excusa de la gêne dont sa réception devait nous laisser l'impression et délibérément :

« Que pensez-vous, Commandant, de cet incident? »

« Je pense, Monsieur l'Ambassadeur, que la fatalité seule est coupable. La frontière n'est pas visible sur le terrain, et le lieutenant Maritz, constatant que son adversaire possédait des armes à tir rapide, ignorant la présence du poste anglais, s'est cru en présence des Sofas de Samory.

« J'ajoute, Monsieur l'Ambassadeur, et excusez de m'en exprimer librement. vous Anglais, vous êtes responsables de cette regrettable méprise.

— Expliquez-vous, Commandant.

— La vente aux indigènes d'armes à tir rapide est défendue par l'acte de Genève. Or, à Sierra Leone, on contrevient constamment à cette convention. Vos commerçants, au grand jour, contre de l'or, approvisionnent Samory en armes et munitions (1). Chez nous ce commerce est rigoureusement interdit, et d'ailleurs Samory ou ses agents ne peuvent accéder à nos établissements puisque nous sommes depuis plusieurs années en guerre avec lui. »

La conversation se prolongea sur ce sujet très amicalement d'ailleurs et tout nuage fut dissipé entre l'ambassadeur d'Angleterre et ses invités.

Mais cette conversation devait avoir un épilogue. Quinze mois après, le 7 mars 1895, au combat de Sobala (Côte d'Ivoire), engagé contre Samory, au cours de la colonne de Kong, dont j'étais le Commandant supérieur, je reçus à la jambe une blessure grave qui motiva l'année d'après, ma mise à la retraite. Or, cette blessure m'avait été faite par une des armes dont il est parlé dans la note ci-dessous; de ces armes je rapportai en France des spécimens, deux ont été placés au Musée de l'armée.

A la suite de cette blessure, je rentrai en France, le bateau qui me ramenait de la Côte d'Ivoire fit escale à Sierra Leone. Le consul de France vint à bord pour me saluer et me trouva couché dans ma cabine.

Au cours de la conversation, parlant de ma blessure et aussi de l'incident de Vraïna, je fis part au consul de mon étonnement que le Gouvernement anglais et le Gouverneur de Sierra Leone en particulier, pussent laisser enfreindre par leur nationaux des actes aussi importants, que ceux acceptés par toutes les puissances européennes, concernant la vente des armes à tir rapide aux indi-

(1) Ces armes étaient d'anciens chassepots qui furent vendus par le Domaine. Des manufactures belges en achetèrent un grand nombre. Elles les transformèrent par l'adaptation à la culasse d'une tête mobile et d'un extracteur, de manière à pouvoir utiliser avec l'arme une cartouche à douille métallique. Armes, munitions, machines à réfectionner les cartouches étaient vendues à Samory.

gènes, interdiction qui intéressait par surcroît leur sécurité propre dans le présent et l'avenir.

Le consul me mit alors au courant d'un fait qui s'était passé dans le courant de l'année précédente. Le Gouverneur de Sierra Leone l'avait fait mander pour lui communiquer une instruction du « Foreign Office » renouvelant de manière absolue l'interdiction de la vente des armes, et ordonnant la destruction ou la réexportation vers l'Europe de celles existantes. Le Gouvernement de la Métropole invoquait une correspondance de sir Edward Mallet, à la suite de laquelle il avait fait lui-même une enquête qui en confirmait les indications (1).

Il était à conclure que le Gouvernement anglais reconnaissait les causes premières de l'incident de Vraïna, causes premières dont il portait les responsabilités, et cependant il exigea dans la suite un règlement onéreux de cet incident.

Au cours du mois de janvier, les négociations se développèrent de manière si favorable que nous pouvions envisager que le projet de protocole serait paraphé pour le jour, où devaient s'ouvrir les fêtes de Cour, données à l'occasion de l'anniversaire de la naissance de l'Empereur.

Ces fêtes débutaient par un dîner offert par le Grand chancelier au corps diplomatique. M. Haussmann et moi étions invités à ce dîner, mais résolus à ne pas y assister si le protocole n'était pas paraphé. Dans la réunion de l'après-midi de ce jour, les

(1) Une note, que j'ai reçue de M. le général Mangin, confirme de la manière la plus formelle la vente des armes à tir rapide aux bandes de Samory par les négociants de Sierra-Leone, avec l'assentiment de leur gouvernement :

« Le capitaine Briquelot, détaché de la colonne Combes sur les frontières de Sierra-Leone, à la poursuite de la bande de Bilali le Vieux, prit le campement de ce chef, et, sur une table basse, trouva, dans la case de Bilali, une lettre du gouverneur *p. i.* de Sierra-Leone, le prévenant que les fusils et cartouches étaient arrivés en abondance à son intention, et qu'il pourrait les envoyer chercher à Sierra-Leone.

La lettre fut transmise au ministère des Affaires étrangères par le colonel Archinard, qui ignore la suite donnée à cette communication. »

délégués allemands remirent en question un certain nombre de points définitivement arrêtés dans les conférences précédentes; il nous était impossible d'accepter, nous rompîmes les négociations. Au moment où nous nous apprêtions à quitter la salle, le premier délégué allemand nous demanda de surseoir à notre départ jusqu'à ce qu'il eût conféré avec le Grand chancelier; ce dernier en effet, depuis le début de janvier, avait assumé la direction des négociations.

Le Dr Kayser revint après une longue heure d'absence, il avait une apparence particulièrement grave; debout devant la table, portant la main droite à hauteur du front, redressant sa petite taille, il lança tout à coup un retentissant : « Zum Befehl von dem Kaiser! » (par ordre de l'empereur); aussitôt le baron von Dankelmann se redressa à son tour, en frappant ses talons l'un contre l'autre, dans la même attitude respectueuse que son chef. Le Dr Kaiser lentement et scandant ses mots, s'exprima ainsi :

« Toutes vos revendications sont satisfaites et nous devons parapher le protocole. S. M. l'Empereur y met cependant la condition expresse qui suit : l'accord portera qu'il existe désormais une *alliance offensive et défensive* entre l'Allemagne et la France *contre l'Angleterre* sur le terrain colonial. Cette clause sera discutée et acceptée aujourd'hui même. »

Mon collègue et moi, nous nous regardâmes avec stupéfaction et aussitôt demandâmes à en délibérer. Nous nous retirâmes dans un angle de la salle et, après échange de vues, décidâmes d'attendre la rédaction définitive qui nous serait proposée.

La séance reprit, nous fîmes remarquer aux délégués allemands que la rédaction proposée excédait nos pouvoirs, qu'elle avait une portée générale pour laquelle nos instructions étaient insuffisantes et que, pour donner satisfaction au désir de l'empereur, il fallait trouver un texte plus atténué auquel nous pourrions nous rallier. Les délégués allemands durent se rendre à nos raisons, sous peine de nous acculer à une rupture définitive et nous avions la conviction que cette rupture n'était pas désirée en haut lieu.

Enfin nous nous mîmes d'accord sur un texte qui devint l'article 2 du protocole : « La France et l'Allemagne s'engagent à respecter et faire respecter l'acte de Berlin. » Comme les deux puissances étaient signataires de cet acte, la rédaction ne constituait qu'une affirmation de son existence. Nous avions éludé la formule agressive *contre l'Angleterre*, arguant que rien ne commandait dans un acte, qui restait localisé au Congo français et au Cameroun, d'invoquer une communauté d'action, qui devait s'appliquer à l'ensemble de l'empire colonial des parties en cause, que semblable pacte relevait de négociations à intervenir entre les deux gouvernements.

Le protocole fut paraphé ce même jour, il restait à le rédiger sous sa forme définitive et les Allemands demandèrent que cette rédaction fut bilingue, le texte français faisant foi en cas de contestation; il fallait également établir la carte qui serait jointe.

Si nous avons insisté sur cette fin des négociations c'est pour mettre en évidence, qu'en toute circonstance, la préoccupation constante de Guillaume II était de faire échec à la puissance anglaise.

Entre le paraphe de l'accord et la signature définitive, nous eûmes l'occasion d'assister aux fêtes de Cour qui avaient lieu chaque année à l'occasion de la naissance de l'Empereur; elles revêtirent en 1894 un éclat particulier parce qu'elles coïncidaient avec le Jubilé militaire de Guillaume II, qui célébrait le 25ᵉ anniversaire de son entrée dans l'armée.

Parmi ces fêtes, la principale est le bal donné en présence de l'Empereur et de l'Impératrice dans la Salle Blanche. L'un des côtés de la salle est occupé par un dais, sous lequel, surélevés de deux marches au-dessus du plancher, sont placés les trônes des souverains. A droite, prennent place les femmes du corps diplomatique, à gauche les femmes des princes allemands.

En avant du trône est un demi-cercle vide, suivant les rayons prolongés duquel sont placés, à droite, en file indienne, les membres du corps diplomatique dans l'ordre d'arrivée à Berlin des différents ambassadeurs; à gauche les princes allemands et hauts dignitaires par Etat confédéré.

L'ensemble de ce dispositif s'appelle *le cercle de la Cour*. Après formation du cercle, l'Empereur et l'Impératrice, descendent de leur trône, s'entretiennent, le premier avec les membres du corps diplomatique, la seconde avec les femmes du corps diplomatique et les princesses allemandes. La durée du cercle est limitée par le protocole; à heure précise, l'Empereur et l'Impératrice ouvrent le bal.

En passant devant l'ambassade de France, M. Haussmann et moi fûmes présentés à l'Empereur. Celui-ci, dans le costume des hussards rouges de la garde, m'adressa, dans le plus pur français, la question suivante :

« Je voudrais savoir de vous, Commandant, auquel les questions musulmanes sont familières, s'il est possible à une puissance chrétienne d'entretenir avec une nation musulmane, telle la Sublime Porte, des relations d'amitié avec la certitude que la question religieuse n'interviendra pas pour troubler leur sécurité? »

Je répondis que dans l'état actuel, la question religieuse avait perdu l'acuité et surtout l'intransigeance qu'elle avait pu revêtir jadis. Mais l'empereur ne se contenta pas d'une simple affirmation, et de questions en réponses, l'entretien se prolongea au point que l'heure protocolaire d'ouverture du bal fut sensiblement dépassée, et que l'attention de la salle entière se porta vers l'Empereur et son interlocuteur.

Il nous resta l'impression que c'était, de la part de Guillaume II, acte prémédité, pour marquer qu'une ère nouvelle s'ouvrait, marquant une détente entre les relations de la France et de l'Allemagne. Les événements qui seront relatés ci-après montrent que de ce rapprochement l'Empereur était partisan déclaré.

Pour en terminer, il me reste à relater l'entretien que les délégués français eurent avec le Chancelier de Caprivi dans l'après-midi du 4 février; la signature de l'arrangement avait eu lieu le matin.

Le grand chancelier nous fit l'accueil le plus gracieux et, nous ayant offert des sièges, s'exprima ainsi :

« Messieurs, je vous félicite de l'arrangement que vous avez signé ce matin. *C'est un rapprochement entre l'Allemagne et la France...* »

Le Grand chancelier marqua un arrêt intentionnel et voyant sur nos physionomies que nous trouvions l'expression excessive, il ajouta avec bonhomie : « Oh! en Afrique, Messieurs, *mais l'Empereur et moi nous souhaiterions qu'il en fût de même en Europe.* »

Comme il semblait attendre une réponse, je me hasardais à dire que, sur ce terrain, nous n'avions pas qualité pour nous engager.

« Mais, Commandant, reprit le chancelier, vous n'êtes plus diplomate, votre rôle est terminé. Nous causons entre nous, nous pouvons parler du différend qui divise depuis si longtemps la France et l'Allemagne, sans avoir d'ailleurs la prétention de le résoudre. Or, ce différend est représenté par la question de l'Alsace et de la Lorraine », et appuyant fortement sur ces mots : « *l'annexion de l'Alsace et de la Lorraine a été un acte impolitique parce que ce fut une œuvre de haine.* »

« Mais, continua-t-il, l'Empereur a reçu un apanage, il ne peut en distraire aucune parcelle, sans *compensation* du moins. *Trouvez-nous le moyen de vous rendre les provinces autrefois perdues!* »

L'entretien prit fin sur ces mots. Mon collègue et moi sortîmes fort impressionnés de ce langage dans la bouche d'un homme dont la loyauté, la sincérité, étaient proverbiales en Allemagne. Faisant retour en arrière, nous étions obligés de reconnaître que l'intervention personnelle du Grand chancelier et, en dernier lieu celle de l'Empereur, s'étaient exercées pour que les négociations fussent couronnées de succès, à notre bénéfice.

Il ne faut pas oublier que l'Allemagne avait dans cette occasion fait un sacrifice réel, celui de l'hinterland du Cameroun;

désormais, contrairement aux rêves des coloniaux allemands, l'extension de Cameroun vers l'est, bassin du Chari, bassin du Nil, même était irréalisable. Cette convention, aussitôt connue, malgré le secret qui en fut gardé, car il avait été stipulé que l'accord resterait secret jusqu'au 11 avril, date de la réunion du Reichstag, afin d'éviter des commentaires passionnés, fut dénoncée par les cercles coloniaux comme une capitulation devant les exigences françaises. Le docteur Kayser, le jour même de la signature, considérant la carte, sur laquelle la nouvelle frontière présentait une forme assez singulière, prêtant à l'ironie, ne put s'empêcher de s'écrier :

« Ce *bec de canard,* les coloniaux allemands ne me pardonneront pas de l'avoir accepté! »

En fait, ceux-ci ne cessèrent de protester. Ils firent hâter la délimitation sur le terrain, dont, du côté de la France, fut chargé le commandant Moll, espérant qu'il en ressortirait pour eux des avantages. Ils durent enregistrer une déception. Mais l'ardeur de leurs revendications n'en fut pas atténuée, et nous avons vu déjà qu'en 1911, les tractations, au sujet du Maroc, aboutirent à une rectification de frontière importante à l'avantage du Cameroun.

Nous avons parlé des négociations collatérales conduites à Berlin, pour un traité de commerce avec la Russie; de manière à bien marquer le désir de l'Allemagne de donner aux nouveaux alliés un gage de bonne entente, les deux accords furent signés à ving-quatre heures d'intervalle, la France signant la première toutefois, puisque la signature de notre accord, fixé au samedi 3 février, n'ayant pu avoir lieu, la carte n'étant pas prête, Guillaume II intervint encore, et les signatures furent échangées le dimanche 4 février.

Le doute n'est donc pas permis; l'Allemagne entendait, par des prévenances non déguisées, marquer à l'alliance franco-russe son ferme dessein de ne pas être traitée par elle en ennemie irréconciliable; bien au contraire, par l'entretien si suggestif du Grand chancelier, elle ouvrait la porte à des négociations d'une portée autrement importante, que celles dont la convention du Cameroun ne constituait, dans l'esprit des dirigeants de l'empire, que le prologue.

Il n'est pas dans mon dessein de sortir des phases historiques de notre développement colonial *vues* et *vécues* par moi, pour entrer dans des digressions étrangères à l'objet que je me suis proposé. Aussi, je n'envisagerai pas les suites qui furent données à ces ouvertures du Grand chancelier, lesquelles furent portées à la connaissance du Gouvernement. Tout ce qu'il est permis d'en dire c'est que cette tentative de tractation sur un terrain aussi brûlant, n'a pas trouvé, de notre part, l'accueil escompté à Berlin. Les hommes politiques, avec lesquels j'eus à m'en entretenir, manifestèrent une défiance, semblant provenir de ce sentiment que la discussion ne pourrait qu'envenimer, en la mettant à jour, la blessure dont la cicatrisation était impossible. Je ne dirai rien non plus d'un projet précis que je présentai au Gouvernement en 1898, car je n'ai pas été avisé officiellement de la suite qui lui fut donnée.

Je crois devoir ajouter cependant que la crainte la plus sérieuse, qui domina dans les milieux politiques, fut, que l'Allemagne n'exigeât la réalisation du rêve de Guillaume II : une alliance offensive et défensive contre l'Angleterre. On pouvait redouter que telle ne fut la base de sa politique de renoncement. La réussite de cette combinaison eût été de faire entrer l'Allemagne en tiers dans l'alliance franco-russe, et après avoir fait dévier celle-ci de son but, qui lui était hostile, d'introduire dans cette nouvelle triple alliance un élément de discorde.

Certes, l'instant était bien choisi, pensait-on à Berlin; la France était en difficulté avec l'Angleterre en Afrique, en Océanie, en Egypte; la Russie poursuivait sa marche vers les Indes, et l'Angleterre s'en montrait inquiète; mais il fallait choisir entre ces frictions qu'une action diplomatique lente et discrète pouvait faire disparaître, et la tentation d'une pression énergique, consécutive à la nouvelle alliance projetée, qui pouvait, sous l'impulsion de l'Allemagne irréductible, conduire rapidement à un conflit européen.

Guillaume II donna des preuves non équivoques que la convention du Cameroun marquait une ère nouvelle d'un rapprochement, qu'il désirait voir se développer. On doit se rappeler la manifestation, un peu ostentatoire, par laquelle il s'associa au deuil de la France lors de l'assassinat du Président Carnot; puis dans des conditions similaires aux obsèques du Président Faure, la grâce dont furent l'objet les officiers de marine MM. Degouy et Delgué Malavas, condamnés à la fin de 1893 par la Cour de Leipzig, etc.

D'ailleurs, à ce moment la triple alliance donnait des signes non déguisés d'affaiblissement. Elle avait fait son temps; l'Autriche était impuissante à donner à l'Allemagne un concours utile dans ses projets d'expansion en Orient qui allaient dominer dorénavant sa politique. Cette nouvelle orientation, dont la préoccupation s'était fait jour dans la conversation rapportée ci-dessus au bal de la Cour, devait avoir pour agent d'exécution à Constantinople le baron de Marshall qui, par attachement à Guillaume II, allait abandonner ses hautes fonctions de ministre des Affaires Etrangères de l'Empire, pour le poste, alors secondaire, d'ambassadeur d'Allemagne à Constantinople. Nous aurons l'occasion de le retrouver à une heure où son activité, peu scrupuleuse, aura eu pour conséquence de détacher en fait de la Triplice, l'Italie, désabusée déjà par des actes antérieurs sur les sympathies de son allié.

L'Italie était, en effet, traitée en « Cendrillon » par les deux puissants alliés; la négligence affectée que ceux-ci mirent à la tenir au courant des incidents qui provoquèrent la déclaration de guerre de 1914, lui rendirent sa liberté d'action. Mais deux événements antérieurs que nous allons rapporter, un autre plus grave qui advint dans la suite, et dont nous donnerons les causes singulières, avaient déjà créé un refroidissement marqué entre l'Italie et l'Allemagne.

Nous avons relaté ci-dessus le *casus belli* qui s'était greffé sur les incidents d'Aigues-Mortes. L'Italie, pour des raisons que nous ne pouvons développer, était résolue, sous ce prétexte, à déclarer la guerre, pour tenter de satisfaire ses revendications irridentistes. Mais quand elle demanda à l'Allemagne de la soutenir, celle-ci fit la sourde oreille, laissant entendre que l'Italie ne pouvait tenir, dans la Triplice, un rôle aussi important que de provoquer une guerre générale, d'ailleurs que la Triplice était une alliance défensive et que l'Italie n'était pas attaquée. L'affirmation officielle de l'alliance franco-russe qui était proche et par conséquent à la connaissance de l'Allemagne, ne fut pas étrangère à cette résolution, que l'Italie subit sans résignation.

Trois mois après cet événement, à Berlin, j'eus l'occasion de faire la connaissance du commandant Volpe, attaché naval italien, qui abandonnait ses fonctions, dans lesquelles il ne fut pas remplacé, alléguant que, pendant ses trois ans de séjour en Allemagne, il avait été tenu à l'écart de la vie maritime de la peu sympathique alliée. Or, l'Italie prétendait à ce moment représenter dans la Triplice la force maritime des coalisés.

LA FRANCE ET LE CONGO BELGE.

Nous avons exposé ci-dessus les causes qui avaient fait ajourner mon départ de France, en octobre 1893. A mon retour de Foix, j'avais établi, conformément aux instructions de M. Delcassé, les prévisions de personnel et de crédits nécessaires pour renforcer la mission du Haut-Oubanghi. Rapport et demande de crédits devaient être présentés au Parlement dès sa rentrée. C'est en attendant le vote de ces crédits que j'accomplis ma mission à Berlin.

Mais dans cet intervalle le ministre avait changé, M. Delcassé n'était plus sous-secrétaire d'Etat aux Colonies, et, quelques intrigues aidant, la demande de crédits ne fut pas présentée. Dès mon retour à Paris, j'écrivis au nouveau sous-secrétaire d'Etat pour lui marquer combien cette négligence voulue et coupable compromettait la mission dont j'avais accepté le commandement, et après avoir envoyé copie de ce rapport au Président du Conseil, je demandai audience à ce dernier, dans le courant du mois de mars. Après avoir exposé à M. Casimir Périer la situation qui en résultait pour le chef de la mission dont les devoirs étaient ailleurs qu'à Paris, j'en arrivai à lui montrer que, de toute urgence, il fallait arriver à une conversation définitive avec l'Etat Indépendant du Congo. M. Casimir Périer fut de cet avis; il devait faire pressentir immédiatement le Roi Léopold à cet égard, et me désignait d'ores et déjà pour mener à Bruxelles cette négociation avec M. Haussmann.

Précisons en quelques mots la situation telle qu'elle se présentait à ce moment, mars 1894, identique à celle qui, en octobre 1893, avait déterminé les pouvoirs publics à surseoir à mon départ pour l'Oubanghi.

Le Congo, depuis ses sources jusqu'à la mer, décrit, vers le nord, une grande bouche qui s'étend jusqu'au-dessus du 4° degré nord. Aux environs de ce 4° parallèle, se jettent dans le grand fleuve deux affluents importants, l'Oubanghi et le M'Bomou. Au confluent de l'Oubanghi et du Congo était notre poste des Abiras. Un réseau de rivières, affluents du M'Bomou, s'étend entre le bassin du Tchad et le chevelu de rivières du Bahr el Ghazal, lequel se jette dans le Nil au lac Nô en amont de Fachoda.

La situation était que les Belges s'étaient épandus depuis plus d'un an dans le bassin supérieur de M'Bomou et de ses affluents coupant tout accès possible de nos établissements vers le Nil. Cette situation de fait m'était connue, mais la cause qui l'avait créée, ne m'avait jamais été révélée; c'est par circonstance un peu fortuite que, pendant mon séjour à Berlin, elle vint à ma connaissance.

L'Etat Indépendant du Congo avait été créé par l'acte de Berlin. Il avait été constitué comme domaine personnel au Roi Léopold II de Belgique en reconnaissance du concours moral et financier qu'il avait apporté à l'œuvre anti-esclavagiste africaine. Le Roi Léopold II était roi des Belges et Souverain de l'Etat Indépendant du Congo. Les deux royautés accumulées sur la même tête étaient distinctes. Souverain constitutionnel de Belgique, Léopold II était Souverain absolu de l'Etat Indépendant du Congo.

Le même acte avait constitué le Cameroun allemand s'étendant jusqu'au Méridien 14°40, et attribué à l'influence française, comme extension de sa colonie du Gabon, les territoires entre le 14°40 et le Congo au nord du 4° degré de latitude, jusque dans la direction du Tchad.

A cette frontière fictive du 4° fut substituée, par consentement mutuel, entre l'Etat Indépendant du Congo et les territoires attribués à la France, une frontière naturelle représentée par le fleuve Congo et son affluent de la rive droite l'Oubanghi (accord de 1885 et 1890).

Les territoires compris dans la boucle du Congo qui constituaient le bassin conventionnel du Congo, placés sous la souveraineté du Roi Léopold, étaient peu peuplés et couverts par la forêt vierge équatoriale; au contraire, les territoires reconnus à l'influence française étaient à la limite de la forêt, et au delà, s'étendaient des territoires peuplés où le bétail et les céréales abondaient, alors que le Congo belge était privé de ces ressources.

L'occupation belge, très active dans les régions du Nord, n'avait pas tardé à faire ces constatations, elles avaient éveillé les convoitises des représentants de Léopold II, et comme ces agents purent se rendre compte de l'abandon dans lequel nous laissions nos propres établissements, où notre représentant, M. Liotard, ne possédait aucun moyen pour assurer notre domination sur des bases solides, ces agents s'enhardirent et, prétextant que le M'Bomou avait un débit supérieur à celui de l'Oubanghi, que de ce point de vue il devait constituer la frontière véritable, ils s'installèrent dans le bassin de cette rivière malgré les protestations de notre représentant.

Cette situation anormale évolua bientôt à la suite d'un malentendu diplomatique, dont il va être question, et excipant des clauses d'un accord prétendu, les agents de l'Etat Indépendant du Congo occupèrent tout le bassin supérieur du M'Bomou et de ses affluents, jusqu'aux confins du Bahr el Ghazal. Dans ce fait, il y avait violation à la fois des accords conclus entre la France et l'Etat Indépendant pour la délimitation de leurs frontières respectives, et de l'acte de Berlin qui avait défini les limites de l'Etat Indépendant du Congo.

C'est dans ces conditions de tension des relations franco-belge qu'arriva la dépêche de de Brazza, commissaire général du Congo, au début d'octobre 1893, disant que les Belges s'opposeraient au besoin par la force au passage de ma mission. En réalité, il n'en fut rien et le capitaine Decazes avec ses effectifs put arriver aux Abiras en novembre 1893.

Lorsque M. Develle eût à engager des pourparlers avec M. de Grelle Rogier, celui-ci se montra irréductible; c'est le résultat qui me fut donné sur ces entretiens. Mais pour quelle cause se montrait-il irréductible? Je ne pus obtenir aucune précision sur ce point. Je m'inclinai devant la décision prise par le Gouvernement, qu'il y avait nécessité à renforcer les effectifs de ma mission de manière à m'ouvrir au bassin, par la force, l'accès de la vallée du Nil.

Pendant mon séjour à Berlin, je pus seulement, ainsi que je l'ai dit ci-dessus, pénétrer enfin les causes réelles pour lesquelles l'Etat Indépendant était amené à prendre une attitude si résolument hostile vis-à-vis de nous.

L'Etat Indépendant du Congo possédait une organisation spéciale créée par le Roi Léopold, indépendante de l'administration du royaume de Belgique. Le Congo avait son budget propre, alimenté par les ressources personnelles de son Souverain. Auprès du Roi, le Ministre de l'Etat Indépendant du Congo, M. Van Eetvelde, assurait les services métropolitains qui, sur place, étaient sous la direction du Gouverneur général du Congo. M. de Grelle Rogier avait pour fonctions de représenter l'Etat Indépendant du Congo auprès des puissances étrangères.

En 1892, l'Etat Indépendant du Congo, après prise de possession violente, réclamait la vallée du M'Bomou comme frontière au lieu de celle de l'Oubanghi. M. Ribot, alors ministre des Affaires étrangères, voulant mettre un terme à cette source de conflits, fit appeler M. de Grelle Rogier pour en discuter. La conclusion de leur entretien, telle qu'elle me fut rapportée, version confirmée dans la suite, fut la mise en rapport par le Ministre, de M. de Grelle Rogier avec le directeur politique du Ministère des Affaires étrangères; leur mission consistait à établir un arrangement définitif. Quel fut cet accord? Nul ne peut apporter de précision sur ce point, il n'a jamais été publié. Toujours est-il que l'Etat Indépendant du Congo le considéra comme valable, et, prétendant que cette convention lui reconnaissait tout le bassin du M'Bomou, procéda à l'occupation des affluents de cette rivière jusqu'au Bahr el Ghazal.

Etait-ce la portée du dit accord, il semble bien que ce fut la réalité. En effet, continuait mon informateur, M. Ribot, avant d'apposer sa signature sur l'arrangement intervenu avec M. de Grelle Rogier, voulut prendre l'avis autorisé de personnalités du Groupe colonial de la Chambre : MM. Etienne et le prince d'Arenberg. Ceux-ci se déclarèrent hostiles au projet; ils firent remarquer à M. Ribot que le dit projet, comportant des modifications territoriales, devait être soumis à la ratification des Chambres et que l'heure venue, ils s'opposeraient à cette ratification.

En conséquence de cette consultation, M. Ribot ne signa pas l'arrangement, et laissa le règlement en suspens.

Deux thèses s'opposaient : l'Etat Indépendant dont toutes les aspirations étaient satisfaites, tenait l'accord pour valable et nous mettait en présence du fait accompli; la France ne pouvait considérer comme définitif un arrangement qui n'avait pas reçu l'approbation nécessaire du Parlement.

La situation étant ainsi précisée, à la suite de mon entretien avec lui, fin mars 1894, M. Casimir Périer avait décidé de reprendre à Bruxelles des négociations à ce sujet, il avait chargé notre ministre à Bruxelles de pressentir le Roi pour la désignation de deux délégués qui auraient à se mettre en rapport avec MM. Haussmann et le commandant Monteil qu'il proposait à l'avance. Mais le lendemain, le nom du directeur politique susdésigné fut substitué comme négociateur éventuel au mien propre. Le Roi Léopold II, quand il eut connaissance du nom de ce haut fonctionnaire, mandata deux sous-lieutenants de l'Etat Indépendant du Congo. Le manque de qualité de ces négociateurs provoqua une protestation de M. Casimir Périer. Le Roi voulant alors marquer, sans autre forme, le peu de confiance que lui inspirait la personnalité des délégués français, leur opposa MM. Van Eetvelde et de Grelle Rogier. L'issue des négociations, engagées dans ces conditions, ne pouvait faire de doute; en effet, huit jours après les pourparlers étaient rompus. Le malentendu de ce fait passait à l'état aigu.

Il faut ajouter, pour la compréhension des événements qui vont suivre, que les aspirations des Belges s'étaient développées et que le contact de leurs établissements avec le Bahr el Ghazal et la vallée du Nil, avait éveillé, chez le Roi Léopold, le désir de porter jusqu'à ce fleuve les frontières de son Etat, afin d'ouvrir au Congo Belge une voie plus courte vers l'Europe.

Vers la fin d'avril j'eus l'occasion, très inattendue pour moi, de prendre contact avec une personnalité belge considérable, M. le comte d'Ursel. Celui-ci venait à Paris pour être témoin au mariage de la fille d'une dame d'honneur de la Reine des Belges qui épousait un officier français. Cet officier, la veille du mariage, m'envoya un pneumatique pour me demander de recevoir le comte d'Ursel qui désirait s'entretenir avec moi. J'avais rencontré antérieurement le comte d'Ursel, cette démarche n'éveilla pas autrement mon attention; il fut entendu que nous nous réunirions à mon domicile.

Le 26 avril eut lieu l'entrevue. Après échange des courtoisies d'usage, le comte me dit :

« Quelle impression vous ont causé les phases des négociations qui viennent si malheureusement d'échouer à Bruxelles?

— Mais, répondis-je, comte, aucune impression bien précise, j'ai enregistré seulement leur résultat, que je déplore.

— Il n'en eût pas été ainsi, si comme primitivement annoncé, vous aviez fait partie de la délégation. »

Ne recevant pas de réponse, ou de marque d'assentiment de ma part le comte continua :

« Le Roi ne pouvait discuter avec un délégué qui avait signé l'accord, cause du conflit.

— Je ne sais pas ce que vous voulez dire », me bornais-je à répondre.

Alors de comte d'Ursel me fit un récit, entièrement conforme à celui de mon informateur à Berlin, mais affirmant que l'accord de 1892 avait eu un caractère définitif.

« Quelles preuves, dis-je, pouvez-vous apporter sur ce point? Vous n'êtes pas à ignorer qu'un accord, tel celui que vous invoquez, impliquant modification des possessions territoriales de la France, ne peut être réputé définitif qu'après ratification par le Parlement, or jamais il n'a été présenté aux Chambres, il est donc caduc de plein droit. »

Mon interlocuteur ne se considéra pas comme battu :

« Tout peut être réparé, me dit-il, si vous consentez à venir à Bruxelles, le Roi est disposé à s'arranger (*sic*), mais avec vous seul.

— Comment, avec votre expérience, comte, pouvez-vous me proposer de négocier par dessus la tête et à l'insu de mon gouvernement?

— J'ai pensé à un moyen qui peut tout concilier. Je suis commissaire général de l'Exposition d'Anvers, qui doit s'ouvrir le 5 mai. Je vous invite à l'inauguration. C'est un voyage qu'il est à votre libre volonté de faire. Le Roi sachant votre présence en Belgique vous demande de venir le voir. Vous ne pouvez refuser. Si ainsi par occurrence vous prenez contact avec Sa Majesté, je me porte garant d'un heureux aboutissement intéressant pour nos deux pays. »

Le comte venait de se découvrir, il ne faisait plus de doute pour moi qu'il ne fut l'agent d'une de ces négociations occultes, dont le fin diplomate, qu'était Léopold II, était coutumier.

« Comte, lui dis-je, en me levant pour mettre fin à l'entretien, il n'est pas dans mon tempérament de me prêter à des manœuvres de ce genre. Très flatté de votre invitation, permettez-moi de la décliner. »

Alors debout devant moi, le comte d'Ursel, d'un accent provocateur, me dit :

« Commandant, je suis chargé, *de la part du Roi*, de vous dire, que si d'ici quinze jours Sa Majesté n'a pu s'entendre avec la France, Elle signera un accord avec l'Angleterre. »

Je mis fin à l'entretien en ouvrant la porte. M. d'Ursel sortit.

Immédiatement je me rendis au Ministère pour faire part au Ministre des Colonies, M. Boulanger, de la conversation que je venais d'avoir avec l'envoyé du Roi Léopold. Le Ministre était peu au courant des questions coloniales; le Ministère des Colonies venait d'être créé (avril 1894), il en était le premier titulaire; ancien Président de la Cour des Comptes, il considérait que son rôle était limité à l'organisation du nouveau département ministériel.

« Portez, me dit-il, à M. Casimir Périer les renseignements intéressants que vous venez de me donner, mais dont je suis hors d'état d'apprécier l'importance. »

Je me pris à réfléchir que ma visite au Président du Conseil, pour lui donner connaissance de mon entretien avec le comte d'Ursel, pourrait lui sembler une critique de ses actes, et prêter le flanc à une suspicion d'intrigue qui m'était par avance insupportable. Je renonçai à cette démarche et laissai les événements suivre leur cours. Toutefois j'adressai au Ministre ma démission de Commandant supérieur du Haut Oubanghi.

Mais les menaces du comte d'Ursel n'étaient pas vaines. Le 19 mai le *Temps* publiait l'arrangement conclu entre Léopold II et l'Angleterre, laquelle cédait, *à bail*, à l'Etat Indépendant du Congo, l'enclave de Lado sur le Nil jusqu'au parallèle de Fachoda. Le lendemain le Cabinet Casimir Périer était démissionnaire.

L'Allemagne et la France protestèrent contre cette cession contraire à l'acte de Berlin, le Congo belge ne pouvant s'étendre hors du bassin conventionnel du Congo.

Dans le nouveau Ministère, M. Hanotaux prenait le portefeuille des Affaires étrangères, M. Delcassé devenait Ministre des Colonies. Immédiatement les projets délaissés depuis octobre 1893 reprenaient leur cours, j'organisai, suivant les ordres du Ministre, la colonne du Haut-Oubanghi. Un bataillon de tirailleurs sénégalais devait renforcer les effectifs déjà rendus aux Abiras.

Enfin le 20 juin un crédit de 1.800.000 francs était voté par la Chambre, à la suite d'un discours de M. Hanotaux, sous la rubrique: « Défense des Intérêts français en Afrique. »

Lors de la préparation de la mission, j'avais, dans un rapport au ministre, préconisé de tenter de traiter avec l'Etat Indépendant sur la limite du M'Bomou, la rive droite de cette rivière restant en territoire français.

Egalement, je me préoccupai du ravitaillement de la mission après l'occupation de Fachoda. La voie par le Congo, le Shinko le Bahr el Ghazal était longue et dispendieuse à la fois. Il semblait qu'une solution intéressante fût de tirer de l'Abyssinie, par la voie du Sobat, affluent de la rive droite du Nil en amont de Fachoda, les approvisionnements nécessaires. A ce moment notre influence semblait prépondérante en Abyssinie, grâce à quelques Français entreprenants qui avaient capté la confiance de Ménélik. Le projet semblait donc susceptible d'exécution, et les résultats à en attendre étaient intéressants à d'autres points de vue encore. Je fis part de ce projet à M. Delcassé. Le ministre y donna son adhésion de principe, ajoutant :

« Connaissez-vous l'homme auquel pourrait être confiée une mission de cette importance? »

Je confessai ne pas l'avoir sous la main, mais que j'allais le chercher.

Le hasard me servit. A un dîner des « Voyageurs », présidé par M. de Bizemont, je rencontrai le prince Henri d'Orléans qui s'était déjà signalé par un voyage important aux Indes, entrepris avec Gabriel Bonvalot. Le prince possédait l'expérience nécessaire comme explorateur, mais de suite sa personnalité m'intéressa à un autre titre, si bien qu'avant la fin du dîner mon choix s'était arrêté sur lui. Je me rappelais, en effet, que le Négus Jean avait contracté des relations très cordiales avec le Gouvernement de Louis-Philippe, et que c'est, s'appuyant sur ces relations anciennes, dont le souvenir était resté présent à la mémoire des successeurs du Négus Jean, que nous avions pu fonder, en 1884, notre établissement d'Obock. Dans mon esprit le prince Henri, représentant de ces traditions, trouverait auprès de Ménélik un accueil qui lui permettrait de mener à bien la mission qui lui serait confiée par le Gouvernement.

En sortant du dîner, je demandai au prince Henri, que je connaissais un peu déjà, de faire route ensemble. Il y consentit et je le mis au courant de la mission que je désirais lui voir accepter.

« Votre offre, me dit-il, me tente infiniment, mais je ne puis y faire l'accueil que je voudrais. La raison est que je pars demain pour embarquer à Marseille le 3 juin, à destination de Madagascar, que je veux visiter rapidement. Je reviendrai ensuite à Aden pour y prendre le Courrier de l'Indochine. Là je retrouverai aussi les membres de la mission que j'ai constituée et avec laquelle je compte réaliser la liaison de Tonkin aux Indes par les bassins supérieurs du Mékong, de l'Indus et du Brahmapoutre. »

Puis, après un moment de profonde réflexion, il ajouta :

« Tout bien considéré mon voyage prévu ne présente qu'un intérêt géographique, au contraire votre offre me fournirait l'occasion, que j'ambitionne depuis si longtemps, de *servir la France.* Jusqu'ici, une injuste suspicion m'a tenu à l'écart. Je ne dois pas laisser échapper l'occasion depuis si longtemps attendue. J'accepte donc en principe. Que je trouve une dépêche de vous à mon retour à Aden, m'informant que le Gouvernement accepte le concours de mes services et je me rendrai directement d'Aden à Obock et de là à Addis Abbeba auprès de Ménélik. Aucune dépense n'est à prévoir pour ma mission, puisque le personnel, dont le lieutenant de vaisseau Roux, est engagé, que tous les approvisionnements sont achetés pour le voyage projeté, lequel doit durer deux ans. »

En nous séparant, le prince Henri ajouta :

« Vous avez mon acceptation de principe, mais je vous écrirai de Marseille pour convenir de certains détails. »

Le 3 juin le prince Henri m'écrivait de Marseille pour me confirmer que ce projet de mission « lui souriait beaucoup » et m'indiquait la signature conventionnelle « Guillaume » pour le câblogramme que je devais lui adresser, soit en Egypte, soit à Aden.

Muni de cette lettre, je vins trouver M. Delcassé et le mis au courant des raisons qui m'avaient fait arrêter mon choix sur le prince Henri d'Orléans. Mais dès le prononcé de ce nom, le Ministre s'écria :

« Mais, Monteil, vous n'avez pas réfléchi. Si le prince Henri réussissait, le Gouvernement de la République serait obligé de le décorer!

— Mais, lui répondis-je, Monsieur le Ministre, ce serait justice.

— Jamais! ajouta le Ministre, je n'accepte pas votre candidat. »

J'avisai le prince par un cablogramme expédié à Aden, de l'accueil négatif fait à ma proposition. Il continua sa route vers l'objectif primitif, déçu dans les espérances que ma proposition lui avait fait concevoir.

Mais deux ans après, le prince Henri était de retour à Paris; malgré des obstacles de toute nature, sa mission d'exploration s'était heureusement terminée; il rapportait une moisson considérable de découvertes géographiques. La Société de Géographie de Paris, reconnaissant l'importance de ses travaux, lui décerna sa grande Médaille d'or, et le Gouvernement de la République le nomma Chevalier de la Légion d'honneur.

Faute de candidat qualifié et aussi parce que le temps me faisait défaut, je laissai ouverte la question, qui devait être résolue après mon départ.

Ainsi qu'il a été dit ci-dessus le 20 juin un crédit de 1.800.000 francs était voté par le Parlement à la suite d'un discours de M Hanotaux, Ministre des Affaires étrangères, sous la rubrique : « Défense des Intérêts français en Afrique. » Dans un discours, le 7 juin, le Ministre avait annoncé que je recevais l'ordre de rejoindre immédiatement le siège de mon commandement.

Avec l'Etat-major, dont il sera fait mention ci-après, je pris passage à Marseille, le 16 juillet, sur le *Rhône.* En passant à Dakar, nous embarquâmes la deuxième moitié du bataillon de tirailleurs, dont la première nous précédait sur un autre navire.

Le 7 août la colonne entière était réunie à Loango. Après avoir pourvu à l'acheminement sur Brazzaville du matériel et des approvisionnement, le 21 août, toutes dispositions étaient prises pour le départ des troupes.

Le 22 août, l'aviso « La Cigogne », arrivait de Libreville portant des instructions modifiant la mission de la colonne du Haut-Oubanghi. Le ministre informait le Commandant supérieur que, par suite d'un arrangement conclu avec l'Etat Indépendant du Congo, la colonne était désormais sans objet. Il lui prescrivait de détacher une de ses compagnies pour aller renforcer, aux Abiras, les effectifs qui s'y trouvaient sous les ordres du capitaine Decazes. Le commandant supérieur, son état-major, les trois compagnies du bataillon de tirailleurs restantes, devaient embarquer à destination de Grand Bassoun (Côte d'Ivoire) où des instructions nouvelles seraient envoyées.

Ainsi, tous les grands projets étaient abandonnés. L'arrangement invoqué, du 14 août 1894, ne modifiait en rien l'objectif primitivement assigné, l'occupation de Fachoda; au contraire, il représentait la solution préconisée par moi avant mon départ de France : la cession à l'Etat Indépendant de la rive gauche du M'Bomou. Quels intérêts, ou quelles intrigues entrèrent en jeu, je l'ignore encore, je n'ai jamais voulu m'en préoccuper.

Je débarquai à la Côte d'Ivoire avec mes troupes le 12 septembre; je prenais désormais le titre de *Commandant supérieur de la colonne de Kong* laquelle avait pour destination de s'opposer aux entreprises de Samory contre la partie septentrionale de nos établissements.

Je n'en dirai pas davantage. Les opérations militaires de la colonne ont fait l'objet d'une brochure : « Une page d'histoire militaire coloniale : la Colonne de Kong », et Baratier, dans « Epopées africaines », a narré, dans un style très brillant et imagé, les incidents dramatiques de cette colonne.

Mais la question de « Fachoda » n'était pas éteinte, elle devait rebondir sous un aspect différent du premier.

VERS FACHODA

LA RIVALITÉ DE LA FRANCE ET DE L'ANGLETERRE AU SOUDAN EGYPTIEN.

A mon départ de France pour le Congo, j'avais emmené un nombreux état-major parmi les membres duquel étaient le capitaine Germain, les lieutenants Baratier et Largeau. Cet état-major me suivit à la Côte d'Ivoire, où, quelques mois après, j'obtins la nomination de Baratier au grade de capitaine pour fait de guerre.

Au cours de la préparation, à Grand Bassam, dans le choix en particulier de la ligne d'opérations que devait emprunter la colonne pour atteindre, aux limites de la forêt vierge équatoriale (300 kilomètres de la côte environ), les régions où Samory exerçait ses exactions vis-à-vis de populations qui avaient accepté notre protectorat, j'eus à recourir à la connaissance parfaite que possédait le capitaine Marchand des territoires que la colonne devait traverser.

Le capitaine Marchand venait de faire retour à Grand Bassam après avoir consacré deux années à parcourir, en mission officielle, les contrées s'étendant de la côte jusqu'à Kong. Il rapportait de son voyage une documentation précieuse sur les populations, et les éléments d'une excellente carte. C'est lui qui avait jeté le cri d'alarme dénonçant les dévastations de notre vieil ennemi, et son insistance à prophétiser les calamités prochaines qui menaçaient nos établissements de la Côte d'Ivoire, avait pesé d'un grand poids dans la décision, prise à Paris, d'utiliser ma colonne, sans objet désormais au Congo, pour arrêter les progrès inquiétants des bandes de Samory.

Dans le but de m'assurer d'une manière moins passagère que celle d'une simple prise de contact, le concours de l'expérience de ce remarquable officier, après avoir obtenu son acquiescement préalable, je demandai au Ministre de l'attacher à mon état-major pour la durée de la campagne, ce qui me fut accordé. Je n'eus qu'à me louer de cette collaboration, qui me fut des plus précieuse.

C'est au cours de la fréquentation que Marchand, dans sa nouvelle situation, pratiqua avec l'état-major de l'ancienne mission au Haut-Oubanghi, qu'il fut mis au courant du but que cette mission était chargé de poursuivre soit : l'union du Congo avec le Nil, et de ce jour se forma chez lui la pensée que cette entreprise, un instant abandonnée, pouvait être reprise. Dès son retour en France, Marchand se mit à l'œuvre pour faire aboutir ce projet.

Mais au moment où je rentrai en France avec les officiers de mon état-major (mai 1895), un fait nouveau, d'ordre diplomatique, était venu modifier la conception, jusque là acceptée, du statut territorial de l'Egypte vis-à-vis du Soudan.

Il est indispensable, pour juger à leur valeur les événements qui vont suivre, de présenter un résumé de la question du Soudan Egyptien au travers des fluctuations de la politique anglaise à l'égard de la politique coloniale française.

Deux périodes sont à considérer : la première s'étend de mai 1893 au 28 mars 1895, la seconde du 28 mars 1895 au 21 mars 1899. Toutefois, pour comprendre les actes qui vont se développer au cours de la première période, il faut faire un court retour en arrière.

Avant l'occupation de l'Egypte par l'Angleterre, le Soudan Egyptien était sous la dépendance directe du Khédive, les provinces qui le constituaient, jusqu'à la région des grands lacs, étaient administrées par des fonctionnaires investis par lui.

A la suite de la chute de Khartoum, le cours moyen du Nil passa sous la domination du Mahdi avec les provinces de Khartoum, de For, de Kordofan, du Bahr el Ghazal, de Lado. L'Egypte se trouvait dès lors coupée de la seule de ses provinces restée hors de l'influence Madhiste : la province Equatoriale.

L'Angleterre était directement atteinte par l'effondrement de la puissance égyptienne au Soudan, puisqu'elle tenta, sans succès, à l'époque, de reconquérir sur le Mahdi les provinces perdues (expédition infructueuse de lord Woolseley, anéantissement de la colonne de Hicks Pacha).

Devant ces insuccès, l'Angleterre changea de tactique et se donna pour objectif de reconquérir le Soudan à son propre bénéfice. Pour y parvenir il fallait amener le Khédive à renoncer à la seule province qui lui restait fidèle, la province Equatoriale, gouvernée par Emin Pacha. Le Soudan étant ainsi définitivement abandonné, devenait diplomatiquement parlant *res nullius* et l'Angleterre pouvait le réoccuper en partant du sud, c'est-à-dire sans éveiller les suspicions et protestations de l'Egypte, ce qui fut advenu, au contraire, si la conquête avait eu pour base le territoire égyptien.

Dans le but de parvenir à ces desseins, une expédition *humanitaire* fut montée à grands frais, organisée à grand fracas en Angleterre, pour aller délivrer Emin Pacha que l'on représentait comme abandonné, sans ressources, dans la province Equatoriale, alors que celui-ci en réalité ne demandait secours d'aucune sorte.

L'expédition fut mise sous les ordres de Stanley. Celui-ci, passant par l'Egypte, représenta au Khédive que son expédition, sans caractère officiel, ne pourrait cependant arracher Emin Pacha aux périls que son isolement lui faisait courir, qu'autant qu'un acte du Souverain lui donnerait la liberté de quitter, sans trahir ses devoirs, la province dont il avait le gouvernement. Sur les instances de Stanley le Khédive signa un firman relevant Emin de sa vassalité et de son commandement.

Ce qui montre bien le but véritable de l'expédition de Stanley, c'est que celui-ci dût contraindre, malgré ses protestations, Emin à l'accompagner à la côte; mais que ce dernier, aussitôt libéré, revint dans la province Equatoriale où il mourait peu de temps après.

Le but de l'Angleterre était atteint et le Soudan était désormais affranchi de toute attache avec l'Egypte. Mais malgré les efforts successifs de ses fonctionnaires dans l'Ouganda, le Major Lugard, sir Gérard Portal, le colonel Colville, sir MacDonald, en 1893 la progression, du sud vers le nord, de l'influence ou de l'occupation anglaise n'avait donné aucun résultat.

C'est à ce moment que la France apparut à l'Angleterre comme le troisième larron qui pouvait, par ses entreprises, couper de l'Egypte le Soudan méridional. La menace de mon expédition engagea l'Angleterre à rechercher un allié mieux placé qu'elle-même pour paralyser les projets français d'accès au Nil. Cet allié, elle le trouva dans l'Etat Indépendant du Congo, et s'expliquent ainsi, d'une part, les empiétements successifs de l'Etat Indépendant, puis l'intransigeance irréductible de ses agents, quand ils nous eurent fermé les voies d'accès vers le Nil, enfin la menace du Roi Léopold, à moi transmise, comme une sorte d'ultimatum, par le comte d'Ursel, le 26 avril 1894 : « Si le roi ne peut conclure un accord avec la France, il concluera un accord avec l'Angleterre. »

Cet accord avec l'Angleterre n'était pas une vaine menace, il fut rendu public le 19 mai 1894. Fut-il une surprise pour notre Gouvernement, je l'ignore, mais, dès le lendemain, le Ministère Casimir Périer était démissionnaire. M. Hanotaux prenait, dans le Ministère qui succéda, le portefeuille des Affaires étrangères, M. Delcassé celui des Colonies.

En vertu de l'arrangement anglo-congolais, l'Etat Indépendant recevait à *bail*, c'est-à-dire temporairement, jusqu'à ce que l'Angleterre put reprendre son action propre, les territoires de la vallée du Nil (rive gauche), depuis Lado jusqu'au parallèle de Fachoda.

L'acte était audacieux; de ce fait l'Etat Indépendant, qui détenait indûment déjà les routes d'accès de l'Oubanghi à la crête de partage du bassin de cette rivière et du Nil, s'interposait dans le cas où il serait obligé de nous restituer ce territoire, entre nos possessions et le Nil Moyen.

Si l'acte était osé, il portait en lui les germes de sa caducité, car il était accompli en violation formelle de l'acte de Berlin, qui limitait les territoires de l'Etat Indépendant, exclusivement au bassin conventionnel du Congo.

L'Allemagne éleva de suite une protestation, suivie bientôt par celle de la France plus énergique dans la forme et dans le fonds. Le 7 juin, en effet, M. Hanotaux dénonçait l'irrégularité de la convention du 19 mai, mais annonçait en outre que nous étions résolus à faire respecter nos droits vis-à-vis de l'Etat Indépendant même par la force et que je recevais l'ordre de rejoindre mon poste. Ce discours fut suivi, à quelques jours, du vote des importants crédits dont j'ai parlé, et « la Défense des Intérêts de la France en Afrique » qui les qualifiait, ne pouvait laisser, à l'Angleterre et à l'Etat Indépendant, de doute sur nos futures intentions.

L'Angleterre et l'Etat Indépendant, engagés dans une impasse, durent capituler; l'accord du 19 mai fut abrogé et le 14 août l'Etat Indépendant signait la convention avec la France qui ramenait sa frontière à la rive gauche de M'Bomou.

Le résultat de cette dernière convention fut le rappel de mon expédition. Il ne semblait pas qu'il y eût, dans la mesure prise par le Gouvernement français, une relation acceptable de cause à effet. J'ai déjà dit que le mystère qui enveloppa cette singulière capitulation ne me fût jamais connu.

Nous sommes arrivés à la deuxième période, au mois de mars 1895, où un discours de Sir Ed. Grey à la Chambre des Communes le 28 de ce mois, marque une évolution de la politique anglaise en Egypte et au Soudan.

Dans ce discours, le Ministre du Foreign Office invoque à nouveau les droits du *Sultan de Constantinople et du Khédive* sur le Soudan Egyptien, droits depuis longtemps périmés pour l'Angleterre cependant. Reconquérir le Soudan n'a plus pour but que de reconstituer dans son intégrité l'ancien empire égyptien, et c'est un devoir sacré, de la part de l'Angleterre vis-à-vis de sa protégée : l'Egypte, que de se consacrer à cette œuvre.

« Aussi, que nul ne s'oppose à la tâche qu'elle assume devant l'Europe; désormais toute incursion d'une puissance quelconque, dans ces territoires de la vallée du Nil, encore cependant au pouvoir de Mahdi, *sera considéré par l'Angleterre comme un acte non amical.* »

M. de Courcel, notre ambassadeur à Londres, fut chargé de protester contre cette nouvelle interprétation des droits que l'Angleterre, en son nom et au nom de l'Egypte, s'arroge sur des territoires que d'autres détiennent. M. Hanotaux s'explique très nettement au Sénat le 5 avril, s'élevant contre les prétentions du Gouvernement anglais.

« Vous désirez, dit-il, à l'heure présente, et prématurément, à mon avis, régler l'avenir de ces régions. Vous voulez obtenir notre adhésion, sans même nous expliquer à quoi nous devons adhérer. Dans de telles conditions, ne vous étonnez pas que nous refusions notre acquiescement et que nous réservions notre liberté. »

Les deux thèses anglaises et françaises s'opposaient; la France se réservait d'avoir les mains libres dans ses entreprises futures, mais l'Angleterre avait nettement passé le *cassus fœderis* au sujet du Soudan Egyptien.

Les événements, qui vont se développer, eussent été incompréhensibles sans cet exposé préliminaire des causes de la rivalité de l'Angleterre et de la France dans le bassin du Nil. Mais nous devons reconnaître que, en suite de l'étude comparative des éléments de friction qui subsisteront après les harangues parlementaires des adversaires en présence, les actions déclanchées de part et d'autre, pour donner à ces aspirations opposées leur plein effet, ne seront pas marquées au même coin de volonté tenace, d'exécution bien ordonnée.

Si le 22 août la colonne du Haut-Oubanghi avait été rappelée, il ne semblait pas que toute tentative de pénétration vers le Nil fut abandonnée, car je reçus l'ordre, en cours de route, vers la Côte d'Ivoire, d'avoir à laisser à Kotonou une deuxième compagnie qui devait rejoindre la première déjà partie pour le Haut-Oubanghi. De ce fait, les troupes mises à la disposition de mon successeur, M. Liotard, se trouvaient considérablement renforcées, puisque déjà se trouvaient aux Abiras les effectifs sous les ordres du commandant Decazes.

J'en pus conclure, que si le Gouvernement avait renoncé à une action immédiate, les indications résultant de ce renforcement des effectifs, impliquaient que notre expansion prendrait à l'avenir une allure moins rapide, que toute perspective de progression n'était abandonnée. C'est dans cet esprit que je rédigeai les introductions pour M. Liotard, lui prescrivant de faire lentement la tache d'huile dès qu'il se serait fermement établi sur la ligne de partages d'eaux du Congo et du Nil.

La situation dans le Haut-Oubanghi était bien définie. Les Belges avaient exécuté la convention et, grâce à un forte organisation militaire, M. Liotard pouvait étendre, au mieux des desseins de notre Gouvernement, notre pénétration vers le nord au besoin vers l'est.

Marchand rentré à Paris, en même temps que moi-même, se mettait bientôt en rapport avec toutes personnalités pouvant l'aider à réaliser le projet caressé : reprendre la marche vers Fachoda. En 1896, à la tête d'un état-major composé d'officiers de grande expérience et valeur, parmi lesquels les capitaines Germain et Baratier, le lieutenant Largeau, qui, avec lui-même, avaient appartenu à mon état-major de la colonne du Kong, auxquels il sut adjoindre le capitaine Mangin, le futur grand général de la guerre mondiale, le lieutenant de vaisseau Dyé, le docteur Emily, l'interprête militaire Landeroin, Marchand se dirigeait vers l'Oubanghi ayant sous ses ordres une compagnie de tirailleurs auxiliaires de 150 hommes et 10 ordonnances. Cette compagnie était sous les ordres du capitaine Mangin dont les lieutenants étaient MM. Largeau et Simon, ce dernier remplacé plus tard par M. Fouque. Les sous-officiers étaient : de Prat, Venaille, Bernard, Dat. Lieutenants et sous-officiers avaient appartenu précédemment à la mission du Haut-Oubanghi ou à la colonne de Kong.

Dès son arrivée aux Abiras, Marchand s'engageait sur la route du Nil, après avoir démonté et halé à terre le vapeur *Faidherbe*, qu'il comptait remonter aussitôt qu'il atteindrait des eaux libres sur lesquelles le vapeur pourrait naviguer.

De cette expédition célèbre, je ne veux retenir que les directives politiques et les résultats pour les comparer aux conceptions et réalisations de même ordre qui ont caractérisé l'action de l'Angleterre. La volonté exprimée à la tribune des Communes par Sir Edward Grey, le 28 mars 1895 : que l'Angleterre assumait la tâche de restaurer l'Empire égyptien dans son intégrité, n'était pas une vaine protestation vis-à-vis de l'Europe et de la France contre toute entreprise éventuelle d'une puissance, quelle qu'elle fût, de s'établir dans la vallée du Nil Moyen, à ce moment sous la domination du Mahdi. C'était l'expression d'une résolution arrêtée, dont l'exécution fut poursuivie sans défaillance, suivant un plan ordonné, avec mise en œuvre de tous moyens matériels et militaires pouvant en assurer le succès.

Devant les *intentions*, ce seul mot convient, manifestées par la France de prendre pied dans la vallée du Nil en 1893 et 1894, l'Angleterre, renonçant aux demi-mesures, telle l'interposition de l'Etat Indépendant du Congo qui, pour elle, s'était traduite par un insuccès diplomatique, persuadée d'autre part que la question du Soudan, restant ouverte, pouvait représenter nouvelle occasion de conflits, déçue dans ses projets de reconquérir le Soudan par le Sud, soit à son seul bénéfice, l'Angleterre, disons-nous, prit l'héroïque résolution d'abandonner sa politique égoïste et de souder à nouveau ses intérêts avec ceux de sa protégée : l'Egypte.

Par cette volte-face, elle plaçait la question sur un terrain nouveau, la restauration de l'Empire égyptien dans ses limites primitives. Sa thèse diplomatique pouvait être discutable en droit strict et la France n'avait pas négligé d'en faire ressortir la fragilité, mais cette thèse, appuyée par des actes confirmatifs, devait prendre une valeur irrésistible.

La période, qui s'étend de 1895 à 1898, marque l'évolution de deux plans opposés qui convergent vers un même objectif; mais il faut constater qu'autant du côté de l'Angleterre l'action est méthodique, bien ordonnée, soutenue par des mesures financières et matérielles appropriées, du côté de la France, c'est une dépense extraordinaire de force vive, émanée d'un groupe de personnalités d'une énergie admirable, mais l'action est flottante dans sa direction gouvernementale, elle pêche aussi par la pénurie des moyens prévus, des ressources indispensables pour assurer le succès.

C'est ainsi que les Français arriveront les premiers sur le Nil, ils seront incapables d'y créer un établissement dont ils puissent assurer le respect.

C'est au prix de sacrifices énormes que l'Angleterre, consciente qu'ils ne seraient pas inutiles, s'achemina vers son but. On dut construire sur des milliers de kilomètres, dans le désert, une ligne ferrée de Wadi Halpha à Khartoum, qui devait permettre le transport de l'armée du Sirdar Kitchener vers la capitale des possessions Mahdistes : Ondurmann. Cette énorme préparation absorba l'activité anglaise jusque dans le courant du mois d'août 1898. Il restait à ce moment à vaincre la puissance madhiste ce qui fut réalisé par la prise d'Ondurmann le 2 septembre.

Mais un fait précis, qui n'a jamais été révélé, est le concours inattendu, qui ne pouvait d'ailleurs être prévu, que l'expédition du capitaine Marchand, établie à Fachoda, apporta à la victoire des Anglais sur la puissance madhiste.

J'ai ici, sous les yeux, une lettre que Baratier m'écrivait de Fachoda le 9 septembre 1898, lettre qu'il rouvrit pour la compléter le 14 septembre 1898. (Cette lettre m'est parvenue le 12 janvier 1899.)

Elle débute aini :

« Mon colonel, je vous ai écrit le 10 juillet (1), à notre arrivée à

(1) Cette lettre n'est jamais parvenue à son destinataire.

Fachoda. Depuis le temps a marché, les événements aussi, et la situation ne s'est pas améliorée, loin de là. »

« Vous savez que le « Faidherbe » n'avait pu passer en même temps que nous, nous étions donc réduits à cent tirailleurs. Les Chillouks se tenaient sur la réserve; on sentait qu'ils nous jugeaient bien faibles pour résister aux Derviches, et ils ne voulaient pas se compromettre. Ce que nous ignorions, c'est qu'ils avaient tout bonnement averti et renseigné les Derviches, si bien que le 25 août, à 5 h. 50 du matin, nous fûmes réveillés par la « Générale »; deux vapeurs derviches étaient en vue... »

Suit le récit du combat, les Français sous les ordres de Marchand, occupent sur la rive gauche l'ancien fort égyptien de Fachoda. Le fleuve mesure en ce point 800 mètres de large, son cours est coupé par trois îles marécageuses qui s'étendent, depuis une ancienne redoute madhiste située à 15 kilomètres en amont sur la même rive, jusque devant Fachoda.

Les vapeurs derviches, le «Chebeen» et le «Caocao» remorquant des chalands en fer chargés de troupes, à la montée sur le fleuve défilent devant le fort en le bombardant, mais les feux de salve des Français font, dans les troupes des vapeurs et chalands, de terribles ravages, si bien que la flotte derviche fait demi-tour pour redescendre le fleuve, mais doit subir à nouveau le feu terrible des défenseurs du fort pour enfin s'éloigner dans la direction d'Ondurmann.

La lettre continue :

« D'après les renseignements obtenus depuis, les derviches, étaient 1.300, ils ont eu 600 hommes hors de combat; le chef de l'expédition tué, quatre autres chefs tués, le capitaine du « Chebeen » tué. C'est possible. Ils sont redescendus, paraît-il, jusqu'à 80 kilomètres de Fachoda à Keka. Le « Chebeen » est incapable d'aller plus loin; là ils ont envoyé un messager à chameau à Ondurmann pour demander des secours. En comptant huit jours de route au moins pour le chameau, vingt jours pour l'arrivée des secours, nous avons donc un mois de répit. »

Dans la partie de sa lettre du 14 septembre, Baratier ajoute : « D'après les derniers renseignements, les Derviches ont évacué leur poste de Keka, et se sont repliés sur Ondurmann. Ils doivent revenir en masse dans un mois. »

A ce moment, on ignore tout à Fachoda de l'avance du Sirdar Kitchener, qui lui-même annoncera, à Marchand, le 18 septembre, la prise d'Ondurmann, par son armée, le 2 septembre.

Si l'on veut rapprocher les dates, il est aisé de se rendre compte, que l'affirmation qui précède, du concours imprévu, mais de première importance, qu'apporta la mission Marchand à la victoire de Sirdar Kitchener sur les Derviches, est parfaitement justifiée.

Précisons en effet : la distance de Fachoda à Ondurmann est de 600 kilomètres environ. Le 26 août le « Chebeen » est en panne, désemparé il ne peut continuer sa route. Le courrier chameau envoyé à Ondurmann ne pourra atteindre ce point que le 1er septembre au plus tôt. C'est le moment où le Sirdar Kitchener arrive devant Ondurmann.

Quelle est la situation du Mahdi à ce moment? Il a expédié vers le Sud un contingent important de ses troupes et vraisemblablement les meilleures, car il ne sait rien de l'avance des Anglais venant du Nord. Les restes de cette expédition n'ont pas eu le temps de rentrer à Ondurmann, donc la place est privée d'un grand nombre de ses défenseurs et peut être les plus valeureux. Mais en outre, au moment où l'armée anglaise arrive devant Ondurmann, le Madhi est déprimé par cette perspective que son empire est menacé à la fois par deux expéditions convergentes, l'une venant du Nord, l'autre venant du Sud. Et cette dépression est accrue par la défaite que son expédition vient de subir devant Fachoda.

C'est donc à la fois un concours militaire effectif, et un concours moral non négligeable, que l'expédition du capitaine Marchand apporta à l'entreprise anglaise contre la puissance mahdiste.

C'est là un point de vue qui, jusqu'ici n'a pas été considéré, mais dont la réalité ne peut être mise en doute puisqu'elle est étayée sur des preuves formelles.

Les Anglais toutefois ne pouvaient l'ignorer, au moins lors l'invitation, peu courtoise, qu'ils firent au Gouvernement français d'avoir à rappeler l'expédition Marchand.

Une note, écrite par le général Mangin, complète la lettre de Baratier ci-dessus reproduite. Cette lettre était écrite de Fachoda les 9 et 14 septembre 1898, avant la prise de contact avec l'armée anglaise, les renseignements du général Mangin sont postérieurs; ci-après copie de cette note :

« C'est par les Chillouks que les Derviches apprirent l'arrivée d'une expédition européenne à Fachoda, d'où l'envoi de deux vapeurs qui ont commencé le feu sans sommation préalable. »

« L'histoire du messager parti à chameau est un racontar des Chillouks et paraît invraisemblable. En revanche, nous savons, par les Anglais, qu'un des vapeurs, le « Safia » (Caocao de Baratier), est arrivé se faire prendre à Khartoum le lendemain de l'occupation. Le reste de l'expédition était sur place attendant du secours, le « Chebeen » était hors d'état de naviguer. »

« Par le «Safia» les Anglais ont appris notre présence à Fachoda, les couleurs de notre pavillon, le nombre des tirailleurs et même notre armement, etc. »

Nous n'insisterons pas sur l'issue de ce conflit; les événements qui menacèrent de prendre un instant une tournure tragique se traduisirent pour la France par une blessure d'amour propre qui eût pu lui être évitée, mais qui fut réparée dans la suite.

L'acte diplomatique du 21 mars 1899, qui liquida ce pénible incident, passé directement entre la France et l'Angleterre, *sans qu'il soit fait mention de l'Egypte*, reconnaissait la domination incontestée de l'Angleterre dans le bassin du Nil.

SOUDURE DÉFINITIVE DE NOS ÉTABLISSEMENTS EN AFRIQUE AUTOUR DU TCHAD

L'accord entre la France et l'Angleterre, du 14 juin 1898, avait réglé la question des frontières entre les établissements français et anglais dans la boucle du Niger. Cet accord consacrait de manière définitive les acquisitions de territoires, dues à l'activité de nos officiers, sous le gouvernement du général de Trentinian, Lieutenant-Gouverneur du Soudan, en particulier.

Le même accord rendait définitif la délimitation, base de l'arrangement du 7 août 1890 (ligne Say-Barroua) en substituant à ce tracé conventionnel, une frontière précise qui tenait compte des travaux rapportés par ma mission au centre Afrique et dans le Sahara (1890-1892).

L'accord du 21 mars 1899, s'il réservait à l'Angleterre le bassin du Nil, laissait à l'intérieur de nos frontières le Ouadaï au Soudan; dans le Sahara, le Tibesti, les oasis de Kaouar (Bilma), Siggedin, Djado, etc.

L'occupation des régions soudanaise et saharienne à l'est du Niger, se fit par étapes pendant que du côté du Congo, sous la direction de Gentil, était réalisée l'occupation du bassin du Chari et de la rive méridionale du Tchad. Une action de guerre combinée entre les troupes de la mission saharienne Foureau Lamy, les troupes venues de l'ouest, sous les ordres du capitaine Joalland et les effectifs sous les ordres de Gentil, eut pour résultat la bataille de Koussouri, qui débarrassa les contrées du Chari du marchand d'esclaves Rabat qui y semait la terreur.

Dans le Sahara méridional et central à l'est de Tombouctou, les oasis furent occupées, celle de Bilma par le commandant Gadel, pendant que les territoires du Tchad, sous l'impulsion des commandants Gouraud, puis Largeau, s'agrandissaient du Kanem, du Ouadaï et enfin du Tibesti.

Peu après, le Sahara occidental au nord du Sénégal et du Niger pacifié par le colonel Gouraud, devenait la Mauritanie.

Aussi bien en vertu de conventions diplomatiques précises, que par une occupation effective désormais achevée, nos établissements de l'Afrique occidentale du Sahara et de l'Afrique équatoriale sont soudés autour du Tchad.

Le rêve de 1890 du grand colonial Etienne est aujourd'hui une puissante réalité.

LES CERCLES COLONIAUX ALLEMANDS
LES AMBITIONS ALLEMANDES SUR LE MAROC

On prête à Bismark, au lendemain du Traité de Francfort, ce mot : « Après le Sedan militaire, le Sedan commercial. » Le mot vrai ou inventé importe peu, mais, ce qui ne peut être révoqué en doute, c'est que l'Allemagne, avec la plus grande ténacité, entreprit de réaliser la chose.

En quelques années, sur l'initiative du Gouvernement allemand, le monde se couvrit de comptoirs commerciaux en Amérique du Sud, en Océanie, en Extrême Orient. Le Gouvernement de l'Empire ne se borna pas à des encouragements platoniques, les sociétés coloniales qui se créèrent reçurent de très larges subventions, prélevées sur les milliards de la rançon. L'unité allemande était sortie de notre désastre, son premier bienfait fut de favoriser à l'industrie et au commerce de l'Allemagne l'accès de marchés nouveaux.

Cette proclamation de l'Empire, qui semblait devoir consacrer la ruine des anciennes villes hanséatiques, fut au contraire l'occasion de la splendeur extraordinaire à laquelle elles sont parvenues. A l'essor commercial nouveau correspondit une floraison plus surprenante encore de la marine marchande; il fallut songer à protéger éventuellement celle-ci, d'où développement correspondant de la marine militaire. Considérée sous l'aspect de ses conséquences, la guerre de 1870 forme le pendant avec la guerre de Hollande sous Louis XIV. *La guerre est la solution violente d'un problème économique; la colonisation est la solution pacifique du même problème.*

Les intérêts économiques au dehors, les lignes de navigation avaient fait éclore les « cercles coloniaux »; ils grandirent à mesure que ces éléments de prospérité se développèrent et ils devinrent bientôt une puissance avec laquelle le pouvoir central dut compter. C'est ce que nous allons établir.

La lutte économique entreprise d'abord contre la France, fut, pour l'Allemagne, au début, l'objet de succès incontestables. Mais, après une période de recueillement nécessaire, la France comprit qu'une politique coloniale active était indispensable et ce sera l'honneur des hommes d'Etat français de l'époque, de Jules Ferry en particulier, d'avoir senti le danger d'une abstention plus prolongée.

Aussi lorsque l'Allemagne, qui s'était livrée à une expansion purement commerciale, colonisant chez les autres, procédé fructueux sans risques ni dépenses, voulut créer à son profit des marchés exclusivement allemands, elle se heurta aux entreprises similaires de notre pays et de l'Angleterre, en Afrique particulièrement. Ces deux nations, grâce à une expérience coloniale plus grande, prirent une avance marquée sur la jeune rivale qui marchait un peu à tâtons dans cette voie nouvelle. C'est alors que Bismarck provoqua la réunion du Congrès de Berlin pour le partage de l'Afrique (1885). Dans le lotissement qui intervint, l'Allemagne dut se contenter, à regret, de territoires disséminés sur le pourtour du continent africain, lesquels, bientôt, par le jeu d'arrangements internationaux, furent coupés de toute extension possible vers l'intérieur.

Un ressentiment profond naquit de cet état de choses, ressentiment qui grandit à chaque insuccès diplomatique, dans l'âme des coloniaux allemands. Et chose singulière, ce sentiment de rivalité hargneuse s'attacha moins aux actes de la France qu'à ceux de l'Angleterre. La cause de cette anomalie apparente il faut la voir dans le fait signalé, qu'au début l'Allemagne avait marqué sur la France des succès incontestés; la prospérité de ses établissements dans nos possessions de l'Océanie et de l'Indochine était là pour en témoigner, mais le commerce anglais avait été peu entamé. Aussi l'Allemagne accepta-t-elle plus volontiers les résultats de l'expansion coloniale française parce que nous lui semblions une rivale négligeable.

Au contraire ses tentatives de même ordre se heurtèrent au génie pratique de l'Angleterre qui faisait avorter ses plans. Si nous ajoutons enfin que lors du Congrès de Berlin, l'Allemagne avait pu se croire l'arbitre incontesté en matière de partages africains, et que les conséquences de ces partages furent entièrement à l'avantage de l'Angleterre, nous aurons ainsi défini les raisons de l'antagonisme croissant qui se développa entre les deux pays.

Et cet antagonisme se révéla, d'une manière non équivoque, lorsqu'à l'occasion de la Convention du Cameroun, les Allemands tentèrent de solidariser, contre l'Angleterre, les intérêts coloniaux en Afrique, de la France et de l'Allemagne.

La lutte économique entre l'Allemagne et l'Angleterre grandit rapidement comme aussi l'acuité des rapports, parce que la résistance anglaise à se laisser distancer prit des formes aggressives et intransigeantes. Dès lors le développement de la marine militaire devint aux yeux de l'Empereur et du peuple allemand tout entier, comme l'acheminement à la solution violente : la guerre.

Mais si la politique coloniale de l'Empire donnait satisfaction aux intérêts du commerce et de l'industrie, l'augmentation de la marine de guerre qui ne comportait que dépenses sans profits apparents, rencontrait l'hostilité des grands propriétaires fonciers et des paysans qui, eux au contraire, défenseurs d'intérêts continentaux, recherchaient plus volontiers des traités de commerce avantageux, avec les puissances voisines. Ils formaient dans les diètes des Etats, au Landtag prussien, au Reichstag allemand, un parti puissant, le « parti agraire », qui trouvait excessives les charges que la lutte économique contre l'Angleterre faisait peser sur les finances de l'Empire.

Le Gouvernement impérial, pour vaincre au Reichstag l'hostilité des agrariens, qui se sont souvent opposés aux crédits pour l'augmentation de la flotte, n'avait pas de meilleur soutien que celui des cercles coloniaux. Ceux-ci, nantis de capitaux considérables, possédaient en outre une presse à leur dévotion qui se montrait particulièrement active. Et comme la politique anti-anglaise était à la fois une politique personnelle de l'Empereur, et une politique qui s'imposait pour le rayonnement extérieur de l'empire, les cercles coloniaux prirent une puissance telle qu'ils devinrent susceptibles de déterminer des résolutions d'ordre gouvernemental, et certains actes personnels de l'Empreur, ainsi que nous allons le constater.

Il était indispensable d'établir dans ses causes l'influence des cercles coloniaux pour pouvoir en juger les effets.

Pendant mon séjour à Berlin, je fus quelque peu surpris de constater que le développement des intérêts allemands au Maroc était l'une des grandes préoccupations des cercles coloniaux. C'est l'époque à laquelle se fondèrent les expositions flottantes. Des navires aménagés en immenses bazars parcouraient les côtes de la Méditerranée, les rives atlantiques du Maroc, où ils faisaient escales prolongées, puis ces navires .gagnaient les îles Canaries, les îles Saint-Vincent, les Açores. Des établissements fixes à terre succédèrent mais en petit nombre pour la raison que la pénétration ultérieure au Maroc était liée à un projet qui, longtemps caressé, avorta cependant, par intervention de l'Angleterre, affirmèrent, non sans raison peut-être, les Allemands. Ce projet était l'achat par l'Allemagne, à l'Espagne, des Iles Canaries. Cet échec fut très cuisant pour le Gouvernement allemand, mais les cercles coloniaux en éprouvèrent un ressentiment violent qui n'attendit qu'une occasion pour se manifester.

Les accords anglo-français et anglo-espagnols de 1905, par lesquels l'Angleterre se désintéressait de la question marocaine au profit de la France et de l'Espagne, surprirent à la fois le Gouvernement allemand et les cercles coloniaux et portèrent à leur paroxysme les sentiments de rage impuissante dont ils étaient animés. Il fallut les réserves présentées par le comte de Bulow, quand il eut connaissance de ces deux accords, pour calmer un peu cette irritation.

Dans les cercles coloniaux on fut consterné de cette solidarité de la France et de l'Angleterre dans la question marocaine. C'est qu'en effet, sous la direction fort habile d'Edouard VII, les deux diplomaties avaient liquidé les griefs anciens, et l'avenir s'ouvrait qui devait montrer que cette solidarité étroite ne serait pas limitée aux rives du Maroc. Mais aux yeux de l'Allemagne, ce qui dominait l'esprit de ces accords, c'était l'éviction de l'Allemagne du Maroc au profit de la France, par l'Angleterre.

Et la protestation allemande correspond à cet ordre d'idées, elle consistera à reconnaître l'indépendance du Maghzen, établissant ainsi que l'Angleterre n'avait pas pouvoir de violer cette indépendance, en divisant l'empire chérifien entre la France et l'Espagne.

Ce fut la visite de Guillaume II à Tanger qui devait attester à la face du monde que, soucieuse de l'indépendance du Maroc, l'Allemagne n'en pouvait reconnaître la déchéance. Les cercles coloniaux allemands, par les articles enfiévrés de la presse à leur solde, énervèrent pendant plusieurs jours l'opinion publique non seulement en France, en Europe, mais dans le monde entier. A son débarquement à Tanger, l'empereur devait être reçu par le Maghzen lequel, en lui donnant l'hospitalité, aurait affirmé son indépendance, l'empereur devait proclamer que, reconnaissant cette indépendance, il ne souffrirait pas qu'il y fut porté atteinte. C'était, en projet, une manifestation d'hostilité vis-à-vis de la France et de l'Angleterre à la fois.

L'événement anxieusement attendu, en France en particulier, où l'opinion, par suite de la campagne de la presse allemande, était très surexcitée, se traduisit par une démonstration anodine, sans portée, malgré son allure théâtrale. Le Gouvernement français fut à l'avance prévenu de la visite de Guillaume II à Tanger, et la manifestation tapageuse se réduisit à un épisode touristique. Les troupes du Maghzen, sous les ordres d'un officier français, rendirent les honneurs, l'empereur fut courtois vis-à-vis du commandant des troupes; au lieu d'aller au siège du Maghzen il se rendit au consulat allemand, où il reçut la colonie de ses quelques compatriotes, puis, en hâte, regagna son navire qui partit pour Gibraltar.

La déception fut cruelle pour les cercles coloniaux qui, ayant compté sur un acte, restèrent en présence d'une palinodie.

Toutefois, la protestation du comte de Bulow eut pour résultat la conférence d'Algérisas, qui, elle aussi, se traduisit par un échec des prétentions allemandes, puisque les puissances européennes consacrèrent, par cet acte, le protectorat de la France et de l'Espagne sur le Maroc. Cette décision l'Allemagne ne l'accepta pas, elle entendait que son adhésion fut rémunérée.

La France s'établit au Maroc en 1907, la conquête de la Chaouïa est réalisée en 1908 par le général d'Amade; Casablanca, notre base sur l'Atlantique, est fondée. Puis, sous la direction énergique et mesurée à la fois de l'élève de Gallieni, le général, puis maréchal Liautey, l'autorité du Sultan s'affirme sur le Maroc tout entier à l'ombre de notre protectorat.

Mais les Allemands ne désarment pas; en 1908, ils suscitent une mauvaise querelle avec l'affaire des déserteurs de Casablanca; leurs agents actifs, les frères Mennesmann, nous créent des embarras. Enfin, à la suite de l'opération de chantage d'Agadir, dont nous avons parlé ci-dessus, ayant reçu satisfaction territoriale au Cameroun, et satisfaction d'argent, les Allemands reconnaissent par l'acte du 4 novembre 1911 notre protectorat sur le Maroc.

Pour en terminer, ajoutons que, par le Traité de Versailles (1919), qui consacrait sa défaite, l'Allemagne perdait toutes ses colonies au profit des alliés : la France, l'Angleterre, l'Etat Indépendant du Congo, le Japon, mais le traité se bornait en réalité à enregistrer des prises de possessions effectives accomplies par les alliés. Aux colonies, comme en Europe, l'Allemagne avait été vaincue sur les champs de bataille, et en particulier la conquête du Cameroun allemand fut le prix d'actions de guerre victorieuses conduite, du côté de la France, par deux anciens officiers de la colonne de Kong, les colonels Largeau et Hutin.

LE CHEMIN DE FER DE BAGDAD
LA TRIPOLITAINE
CONFLIT ENTRE L'ALLEMAGNE ET L'ITALIE

La lutte sourde d'influence politique et économique entre l'Allemagne et l'Angleterre fut marquée en Orient par l'entreprise du chemin de fer de Bagdad. L'exécution de cette voie ferrée, concédée à l'Allemagne par le sultan Abdul Hamid, était fort avancée quand s'ouvrit la guerre de 1914. L'agent actif de cette opération fut le baron de Marshall qui, nanti de l'entière confiance de son souverain, sut faire aboutir les négociations préalables et la mise à exécution, malgré les protestations des puissances, que lésait dans leurs intérêts, cette mainmise de l'Allemagne sur le Gouvernement ottoman. Par des visites, entourées d'un apparât éclatant, à son nouvel ami, le Sultan des Musulmans, Guillaume II rehaussa le prestige de son ambassadeur.

Le chemin de fer de Bagdad appartenait à un plan d'ensemble qui avait fait l'objet d'une brochure retentissante en 1895 sous le titre : *La Grande Allemagne et l'Europe centrale* (Mittel-Europa). Ce plan n'était rien moins que la germanisation de l'Europe prévue pour une date éloignée, 1950, mais que les événements pouvaient rapprocher.

Le programme et les tendances du pangermanisme sont, dans cet ouvrage, formulés avec une vanité et un cynisme dont on peut juger par l'extrait qui suit, pris dans le livre de A. Chéradame : *Le plan pangermaniste démasqué*, et cité par le général d'Amade dans une brochure récente : *Constantinople et les Dardanelles.*

« *Sans doute, les Allemands ne peupleront pas seuls le nouvel empire ainsi constitué. Mais seuls ils gouverneront, seuls ils exerceront les droits politiques, serviront dans la marine et dans l'armée, seuls ils pourront acquérir la terre. Ils auront alors, comme au moyen âge, le sentiment d'être* un peuple de maîtres. *Toutefois, ils condescendront à ce que les travaux inférieurs soient exécutés par des étrangers soumis à leur domination.* »

Les Allemands sont aujourd'hui vaincus, mais la mentalité de suprême orgueil que révèlent les lignes qui précèdent, subsiste. Ils sont le peuple élu, appelé à régénérer le monde en réduisant les autres nations à la plus dégradante des vassalités.

Le chemin de fer de Bagdad, l'Angleterre ne pouvait s'y méprendre, avait le but de venir contrebalancer, en créant une voie plus courte que la voie maritime, voie en outre affranchie de son contrôle à Suez et à Perim, le commerce anglais dans les Indes, et à l'occasion de soutenir par des intrigues politiques, les aspirations des partis séparatistes, en particulier des populations musulmanes. Celles-ci, relevant de Constantinople au point de vue religieux, ne pouvaient qu'écouter d'une oreille complaisante les suggestions des agents de l'ami du Commandeur des Croyants. Par cet instrument de pénétration, l'Allemagne s'assurait une prépondérance politique et commerciale dans ce qu'on appelle présentement « le proche Orient », en même temps qu'elle menaçait l'Angleterre dans la plus importante, la plus peuplée, la moins assimilée de ses colonies. Et il n'est pas téméraire d'avancer que l'anxiété de l'Angleterre était davantage éveillée par la perspective d'une politique insidieuse semant la désunion au sein des populations voisines du golfe persique, telles celles du Pendjab, toujours en effervescence, que par les péripéties à prévoir d'une concurrence commerciale dans laquelle elle pourrait aisément conserver l'avantage.

Mais la fertilité des combinaisons de l'antagonisme allemand n'était pas épuisée. L'Allemagne détenait une influence politique prépondérante dans les mers du Levant par Constantinople et Athènes, où la sœur de Guillaume II, la reine Sophie, partageait le trône de Constantin. Ses ambitions n'étaient cependant pas satisfaites, Guillaume II rêvait d'une colonie allemande sur les rives de la Méditerranée à défaut du Maroc, dont il avait été évincé. Nous voulons narrer comment il faillit arriver à ses fins et pourquoi il n'y put parvenir.

Il est présent à la mémoire de tous qu'au cours de la première guerre balkanique, en 1911, l'Italie, sans déclaration de guerre préalable à la Turquie, brusquement envahit la Tripolitaine et en proclama l'annexion à la Couronne. Cet acte, s'il suscita l'étonnement du monde entier, souleva une colère sans bornes en Allemagne.

Quelle était la cause de cet acte spontané? Jamais elle ne fut donnée, et l'Italie ne s'est jamais préoccupée de satisfaire sur ce point la curiosité de l'Europe.

Pour exposer les raisons impérieuses qui ont conduit l'Italie à cette agression brutale vis-à-vis de l'empire ottoman, dont la Tripolitaine relevait, il nous faut remonter un peu le cours des événements jusqu'au lendemain de la conquête de l'Algérie.

Abd el Kader, dans sa lutte contre nous, s'appuyait sur un certain nombre de tribus arabes, et parmi celles-ci, l'une des plus importantes était celles des Senoussis. Après sa chute, Abd el Kader qui s'était conduit en loyal ennemi, obtint du Gouvernement français de se retirer à Damas en Syrie avec sa famille. Les tribus qui l'avaient soutenu dans sa lutte se soumirent, sauf celle des Senoussis qui cependant était assez étroitement apparentée à la famille d'Abd el Kader. Sous la direction de Si Mohammed es Senoussi, la tribu, fuyant le contact des Européens, et même des Ottomans, vint s'établir en plein désert de Lybie entre la Cyrénaïque et l'Egypte dans l'oasis de Djerboub. Le chef de la tribu fonda une zouaïa dont l'enseignement se distingua par l'orthodoxie absolue du dogme. Le chérif établit des relations suivies avec la

Mecque, en même temps qu'il répudiait l'autorité religieuse et politique du Commandeur des croyants de Constantinople, parce que n'étant pas de race arabe. La secte nouvelle reçut bientôt l'adhésion de toutes les peuplades arabes de Tripolitaine et, en particulier, de la puissante tribu des Oulad Sliman qui, à la suite de la chute de la dynastie du Koromanlis, s'était divisée en deux tronçons dont l'un, le plus nombreux, sous la conduite de son chef Abd Djelil avait émigré au Kanem, aux abords du Tchad. Par l'intermédiaire des Oulad Sliman, le Ouadaï adopta le rite senoussiste et bientôt l'activité des Kouans de la secte s'affirma dans les oasis sahariens du Borkou, du Tibesti et de Kaouar.

Par sa position à Djerboub, le Mahdi senoussiste exerçait son contrôle sur une des plus importantes routes du Sahara, celle qui joint Benghazi, sur la côte, au Ouadaï, par l'oasis de Koufra. C'est d'ailleurs en cette dernière oasis que le chérif s'est désormais fixé. Cette route traversant des contrées qui, jusqu'en ces dernières années, avaient été soustraites à notre influence, fut celle qu'empruntèrent longtemps les dernières caravanes d'esclaves, et d'eunuques, venues du Ouadaï, pays qui était le pourvoyeur attitré des sérails musulmans. A Benghazi, les esclaves étaient échangés contre des marchandises et surtout des armes.

Pour toutes ces causes religieuses et économiques, l'influence du shérif sénoussiste grandit au point qu'il se crut assez fort pour entrer en lutte ouverte avec nous, lors de notre occupation du Borkou, parce que notre action menaçait de tarir la source la plus importante de ses revenus : les esclaves.

Au moment où l'Italie entreprit la conquête de la Tripolitaine, les Turcs se trouvaient seuls à résister à l'invasion, puisque, mis au ban de l'Islam par les Sénoussistes, les tribus arabes refusaient de leur prêter concours contre l'envahisseur.

La Porte songea alors à se rapprocher du chérif dissident, pour obtenir, que par son action sur les tribus arabes, en proclamant la guerre sainte contre les Infidèles, la terre d'Islam, qu'était la Tripolitaine, fût défendue par tous les musulmans. Mais il fallait trouver une personnalité arabe assez influente auprès du chérif pour pouvoir entreprendre et mener à bien cette difficile négociation.

Le choix du sultan se porta sur un des fils d'Abd-el-Kader qui, ayant abandonné le protectorat français à Damas, s'était rallié au gouvernement ottoman et même, dans les dernières années, au Comité « Union et Progrès ». Ali pacha habitait Damas, il avait rang de général dans l'armée turque.

Il vint à Constantinople recevoir les instructions du grand vizir et fut transporté clandestinement par un navire en un point de la côte tripolitaine où la surveillance de la flotte italienne n'était pas active. Là il devait rencontrer le commandant Enver Bey (depuis Enver pacha) et ensemble ils se rendirent à Djerboub. Leur négociation fut couronnée de succès, le chérif déclara la guerre sainte, Enver Bey et Ali pacha furent les chefs du mouvement de résistance arabe contre les Italiens. Mais un jour advint où, faute d'armes et de munitions, les tribus regagnèrent leurs tentes.

Ali pacha vint alors en France, avec le dessein arrêté de rentrer dans le giron de la famille d'Abd-el-Kader, restée fidèle au protectorat et à l'amitié de la France.

C'est au cours de son séjour à Paris, que mon ami, M. Piat, ministre plénipotentiaire, ancien consul général à Damas, me procura l'occasion d'entrer en relations avec Ali pacha. Au cours de la conversation, le fils d'Abd-el-Kader me fit le récit que je viens de donner sur la mission dont il avait été chargé auprès du chérif sénoussi, et longuement me parla de la guerre en Tripolitaine, pays que j'avais autrefois parcouru en remontant vers la côte, du lac Tchad, par le Sahara.

Je lui posai alors la question qui, depuis longtemps, me préoccupait :

« Mais pourquoi l'Italie a-t-elle envahi brusquement la Tripolitaine, sans déclaration de guerre à la Turquie?

— Pour la raison que Mahmoud Chefket pacha (alors Grand vizir) avait *donné* (sic) la Tripolitaine à l'Allemagne et que si l'Italie ne l'avait pas occupée de suite, elle eût été devancée par l'Allemagne. »

Ali pacha expliqua alors, plus longuement, que Mahmoud Chefket pacha, très germanophile et cupide par surcroît, avait écouté les propositions et accepté les largesses du baron de Marshall, et qu'il lui avait cédé la Tripolitaine. Mais l'ambassadeur d'Italie avait été mis, dès le lendemain, au courant de cette tractation, il avait avisé son gouvernement qui, immédiatement, envoya une escadre devant Tripoli pour en prendre possession au nom du Roi d'Italie.

Par un acte antérieur de 1907, intervenu entre la France et l'Italie, il était convenu que celle-ci aurait les mains libres du côté de la Tripolitaine, en retour de la reconnaissance du protectorat français au Maroc; et l'Angleterre avait donné à cet accord son assentiment. L'Italie attendait l'occasion favorable pour amener la Sublime Porte à lui consentir en Tripolitaine une situation privilégiée analogue à notre protectorat sur la Tunisie.

L'Allemagne n'ignorait rien de ce pacte entre la France et l'Italie, mais ne l'ayant pas signé, elle se considérait comme libre d'agir au mieux de ses convoitises.

Son action perfide vis-à-vis de son alliée n'eût pas le résultat qu'elle prévoyait, bien au contraire, mais aussi les mesures, qu'elle avait eu soin de faire préparer pour faciliter son rapt, tournèrent à l'avantage de l'Italie. Ali pacha, en effet, compléta ses renseignements en ajoutant, que dans le but d'éviter que l'occupation de la Tripolitaine par l'Allemagne put rencontrer une résistance de la part des troupes turques, celles-ci avec armes, munitions, artillerie avaient été envoyées au Yémen. De ce fait fut grandement facilité le débarquement des forces Italiennes à Tripoli et dans les principales villes de la côte.

L'Allemagne était donc prise à son propre piège, mais l'Italie, irritée de la trahison de son alliée, lui voua une rancune dont elle ne devait pas tarder à lui donner les marques.

La première conséquence de cette désunion, encore latente, semble avoir été que dans leur dernière entrevue, au printemps de 1914, le roi d'Italie reprocha à son puissant allié l'attitude de duplicité de sa diplomatie à Constantinople. Guillaume II, sans hésiter, sacrifia son dévoué collaborateur le baron de Marshall qui fut mis en disponibilité, avec promesse éventuelle, il est vrai, de l'ambassade de Londres. Mais le serviteur trop fidèle ne put accepter cette disgrâce, il mourait peu de temps après.

Si maintenant nous rapprochons ce dernier incident, le plus significatif d'ailleurs, de ceux qui, en 1893, l'avaient précédé, on peut se rendre compte du peu d'enthousiasme qui portait l'Italie à se ranger aux côtés de ses alliés lors de la déclaration de guerre en 1914. L'Italie fut tenue à l'écart des manœuvres qui avaient abouti à la déclaration de guerre, on la mit en présence du fait brutal; elle eût alors toute liberté d'arguer à son tour que la Triplice était exclusivement défensive, qu'elle ne pouvait être engagée d'autre part dans une action aux préliminaires de laquelle elle était demeurée étrangère.

Il faut ajouter que l'influence de l'Angleterre ne fut pas sans effet sur la détermination prise par l'Italie de conserver la neutralité. Depuis longtemps déjà l'Italie gravitait dans l'orbite politique de la Grande-Bretagne, dont elle dépendait d'autre part pour l'approvisionnement en charbon de sa flotte. Si l'Italie était entrée dans la guerre, dans le camp adverse où l'Angleterre prenait place, la flotte italienne, dépourvue de combustible, était à la merci de la flotte alliée dans la Méditerranée.

Nous avons montré, par preuves multiples, que c'est la poursuite persévérante de son dessein, depuis son accession au trône d'Allemagne, de pratiquer une politique de rivalité avec l'Angleterre au triple point de vue maritime, commercial et colonial, qui conduisit Guillaume II à sa perte.

La dernière tentative, occupation de la Tripolitaine, devait, aux yeux de l'empereur, porter un coup fatal à la puissance de l'Angleterre. La Tripolitaine aux mains de l'Allemagne, c'était le bassin oriental de la Méditerrannée sous le contrôle des flottes allemandes qui s'appuyaient sur la Grèce et la Turquie; c'était le canal de Suez menacé, c'est-à-dire les relations de la Grande-Bretagne avec les Indes, l'Extrême Orient à la merci d'un adversaire dont la puissance maritime s'accroissait chaque jour.

L'Allemagne, pendant la période de paix armée qui s'étend de 1870 à 1914, s'était attirée, par l'égoïsme de sa politique, l'animosité des puissances européennes, y compris celles de ses alliés; à l'heure décisive elle se trouva isolée au milieu d'une Europe dont les préventions éveillées par les actes inconsidérés du passé, s'augmentèrent de l'inquiétude que faisaient naître les perspectives de la victoire allemande.

L'extrait qui suit est reproduit d'après un article de M. Emile Buré dans l'*Eclair* du 25 mars 1924.

On y verra confirmée la pensée directrice des actes de l'empereur d'Allemagne : la haine de l'Angleterre.

« Dans le beau livre qu'il vient de publier sous ce titre : *La discorde chez l'ennemi,* le capitaine de Gaule nous montre Guillaume II recevant, le 20 juillet 1917, les députés allemands que préoccupe le sort de leur pays. Le kaiser est plein de confiance :

« Sans doute, déclare-t-il, la guerre présente ne peut se terminer « par *l'écrasement de l'Angleterre,* mais nous nous entendrons « ensuite avec la France et alors commencera la guerre propre- « ment dite : *le continent tout entier rangé sous mon commande-* « *ment contre l'Angleterre.* Ce sera la deuxième guerre punique. »

« Cette déclaration troubla beaucoup les députés allemands. Evidemment, leur empereur était fou, mais, dans sa folie, il laissait échapper la parole de Vérité. C'était bien l'Angleterre qu'en 1914 il avait visée à travers la France. Il a manqué son coup. »

Ainsi le pacte d'alliance offensive et défensive entre l'Allemagne et la France contre l'Angleterre, proposé en 1894 avec l'atténuation : « *Sur le terrain colonial* », devait être imposé, dans toute son ampleur, à la France, quand vaincue par les armes allemandes.

Mais il était bien présomptueux en juillet 1917 de préjuger ainsi de l'avenir, un esprit plus pondéré aurait su éviter de se livrer à semblables pronostics, quand « la Marne » et « Verdun » étaient là pour attester que la lutte pour la victoire pouvait réserver encore des surprises cuisantes à l'envahisseur.

C'est prématurément que le bouillant Scipion germanique montait au Capitole. Sa destinée était de choir lamentablement de la Roche Tarpéienne.

Combien plus psychologue fut Gallieni, quand il proclama : « Je défendrai Paris jusqu'au bout! » et cependant il savait que la résistance était impossible avec les moyens dont il disposait alors. Mais il savait aussi qu'une bataille ne peut être réputée gagnée ou perdue que le *lendemain* du jour où elle s'est livrée, et demain lui appartenait puisque Paris n'était pas encore attaqué.

Sa ferme résolution l'incita dès lors à rechercher les moyens aptes à réaliser sa promesse, et la tension de son esprit vers ce but, lui permit de découvrir, à l'heure, la faute stratégique de von Klück. Il jeta incontinent ses réserves actives sur le flanc droit de l'armée allemande, surprise ainsi en flagrant délit de manœuvre. Gallieni, par ce trait de génie militaire, avait amorcé la victoire de la Marne. Gallieni avait sauvé Paris sans avoir à le défendre.

Ainsi se trouve aussi établie cette autre vérité, qu'à la guerre, le succès ne s'obtient pas toujours par les moyens prévus à l'avance pour l'atteindre. Les circonstances de temps et de lieu imposent les décisions, le talent du général est de savoir adapter les moyens dont il dispose à l'imprévu qui souvent se manifeste à l'encontre des prévisions. Le coup d'œil, la décision tactiques dominent les conceptions stratégiques, sur le champ de bataille. Tel plan stratégique, savamment combiné à l'avance, s'effondre du fait d'une opération tactique malheureuse, il faut alors au chef des qualités de sang-froid et de décision rapide pour redresser l'axe de direction faussé.

Cette faculté d'adaptation aux éventualités s'est révélée en tous temps et à haut degré chez les généraux français au cours de la grande guerre en particulier, elle a toujours fait défaut aux chefs de l'armée allemande. Ceux-ci ont pu être victorieux quand leurs combinaisons stratégiques, étudiées à l'avance, se déroulèrent sans encombre, ils ont été toujours impuissants à dominer les situations qu'ils n'avaient pas prévues. La rigidité de leurs méthodes ne comportait, en effet, ni souplesse dans l'adaptation, ni fertilité dans les expédients.

L'EXPANSION COLONIALE FRANÇAISE EN AFRIQUE JUGÉE PAR SES RIVAUX ANGLAIS

Je n'ai eu pour objet, au cours de ce volume, que de montrer comment notre politique coloniale active éveilla la rivalité des puissances européennes, rivalité qui eut pour conséquence des frictions dont la répercussion se fit sentir sur le terrain diplomatique; c'est sur ce terrain qu'elles trouvèrent aussi leur solution pacifique. De ces frictions, j'ai voulu surtout exposer, de manière impartiale, les causes premières, pour montrer que les difficultés de notre expansion ne furent pas seulement d'ordre local, mais qu'elles s'aggravèrent au contact des compétitions similaires des nations européennes : Angleterre, Etat Indépendant du Congo, Allemagne.

Mais à aucun moment, en particulier vis-à-vis de l'Angleterre, les actions de nos missions, ou colonnes expéditionnaires en Afrique, ne prirent un caractère susceptible d'éveiller chez nos rivaux le sentiment d'une lutte discourtoise mettant aux prises les officiers des deux nations. Cette période est caractérisée par une course à la conquête des terres libres, dans laquelle chacun cherchait à gagner l'adversaire de vitesse, mais à aucun moment une occasion de conflit ne prit naissance du fait que les agents d'exécution furent en contact.

Ces conflits d'influence furent toujours le résultat des conceptions gouvernementales métropolitaines, celles-ci dérivaient de plans prémédités qui prétendaient interpréter des accords déjà existants sur le papier mais qui soulevaient, dans leur application sur le terrain, des controverses inévitables; ces plans avaient parfois pour but d'anticiper sur des accords non encore réalisés.

A l'appui de cette thèse, les pages qui précèdent apportent des enseignements qui ne peuvent être mis en doute, les extraits qui vont suivre du jugement porté par un officier anglais, qualifié par son passé colonial, sur l'expansion coloniale française, viendront confirmer, de manière assez inattendue d'ailleurs, notre propre argumentation.

Expéditions récentes françaises dans l'Ouest Africain est le titre d'une conférence faite, le 29 novembre 1899, par le capitaine A. Hilliard-Atteridge, London Irish R. V., insérée dans le numéro de février 1900, de *The Journal of the Royal United Service Institution.*

Le capitaine Atteridge demande à son auditoire de dire un mot en guise de préface. Il s'exprime ainsi :

« La période, dont je fus témoin, marque une crise dans les affaires de la région du Niger qui faillit conduire l'Angleterre et la France à la guerre. Si un conflit terrible fut écarté, cet heureux résultat est dû, en premier lieu, à l'action des hommes d'Etat et des diplomates des deux pays, mais en second lieu, et peut-être à même degré, à la courtoisie militaire pleine de tact de nos officiers et de ceux des expéditions françaises. Pendant des semaines ceux-ci occupèrent des postes dans l'hinterland du Lagos où les pavillons rivaux flottaient au voisinage l'un de l'autre, et souvent presque côte à côte (almost side by side). Il existait de ce fait une foule d'occasions, où un écart de caractère, un manque de tact d'un côté ou de l'autre, aurait eu pour conséquence une escarmouche dans les forêts africaines, qui aurait trouvé un terrible écho sur les bords du canal britannique ou en Méditerranée. Mais ces braves gens trouvaient le moyen d'éviter tout conflit armé, tout en préservant l'honneur de leur pavillon et réservant leurs droits respectifs. Laissant aux diplomates de Londres ou de Paris le soin de trancher la dispute, ils se rencontraient avec des égards de mutuelle courtoisie, de respect, de bonne volonté. N'oublions pas les services qu'ils rendirent ainsi aux meilleurs intérêts des deux nations. »

« Nous ne voulons pas introduire ici la politique, et je me garderai de considérer les aspects de cette discussion qui a été l'objet de controverses. Je suis satisfait de dire que je suis un des nombreux qui professent cette opinion, qu'il y a, dans les pays sauvages d'Afrique, ample place pour les aspirations de l'Angleterre et aussi de la France, chacune dans leur sphère propre, que les desseins qu'elles ont poursuivi avec tant de zèle, ne doivent pas se comprendre par le désir d'acquérir des sphères d'influence ou des marchés pour leur commerce, par le désir de teindre la carte en rouge ou bleu suivant les circonstances, mais que le grand œuvre, auquel elles doivent se consacrer, est de s'accrocher au fanatisme musulman armé, de briser la puissance des émirs chasseurs d'esclaves, des roitelets fétichistes sanguinaires et d'apporter aux peuples du continent noir la paix établie sur l'ordre et la loi, ainsi que nous la connaissons ici en Europe. »

Rappelant brièvement la période précédant celle dont il va traiter, l'orateur, qui possède admirablement son sujet, indique le temps d'arrêt que fit subir à notre progression au Sénégal la guerre de 1870 puis ajoute que « l'avance reprit de nouveau sur des bases tracées par Faidherbe, en 1879 ».

« En dix ans, ajoute-t-il, de 1879 à 1889, la France, sous les soldats tels Gallieni, Archinard, Frey, Desbordes, Monteil, Combes (le capitaine Atteridge ne respecte pas l'ordre chronologique), se rendit maîtresse des contrées montagneuses d'où descendent le Sénégal et le Niger, s'installa sur les hauts plateaux du Fouta Djallon, et prit pied sur le Niger supérieur. »

Il continue par l'historique des colonnes contre Ahmadou et Samory, par l'occupation de la région de Tombouctou à la suite du massacre de la mission Bonnier.

C'est alors qu'il entre dans son sujet, au moment où le commandant Henri prend des mains du lieutenant-colonel Joffre le commandement de la région de Tombouctou. Il signale le désarroi qui résulte de la divergence d'opinion sur le danger touareg entre le Gouverneur civil du Soudan et le commandant Henri qui quitte son commandement, parce qu'il juge qu'on ne peut laisser impunis les brigandages des Touaregs. La situation se modifie quand « heureusement un soldat distingué, le colonel de Trentinian, est nommé Gouverneur du Soudan », lequel donne à un « vieux soudanais », le commandant Réjou, l'ordre et les moyens d'exécution nécessaires pour en finir avec le danger Touareg.

« C'est alors, dit le capitaine, que Tombouctou devint le point de départ d'une expédition d'exploration de la vallée du Niger, » et il décrit en détails, l'expédition fluviale de Hourst pour terminer ainsi : « L'expédition suivit le cours du fleuve vers le sud-ouest et trouva que, sur plus de 400 milles, jusqu'à Assongo, la navigation était libre. Grâce à l'habile diplomatie du Père Hacquard, Hourst passa un traité de protectorat avec Madidou, le plus puissant des chefs touaregs. Entre Assongo et Boussa, il trouva la navigation difficile, souvent dangereuse à cause des nombreux rapides. Les chutes de Boussa, où périt Park, sont une barrière qui sépare le moyen du bas Niger. Enfin, Boussa fut dépassé et la navigation continua en eau libre jusqu'à la mer, la dernière partie en zone britannique. L'exploration du Niger par la mission Hourst est un des plus brillants exploits, même par ce temps de brillantes et heureuses explorations... Elle remporta son succès, sans sacrifier une vie humaine, ou tirer un coup de fusil. La marine française peut être fière d'un tel homme. »

Le capitaine Atteridge fait ensuite une narration détaillée de la tension assez grave qui prit naissance entre l'Angleterre et la France du fait de la mission du commandant Toutée le long du Niger Moyen.

« A la suite de l'arrangement de 1890... il fut une école de politiques coloniaux, qui, en France, prétendirent qu'au sud de Say, la rive droite du Niger était non attribuée, et afin de créer des titres, pour une discussion future, le Gouverneur du Dahomey, M. Ballot, envoya secrètement une mission sous les ordres du commandant Toutée, dans le but d'occuper un point en aval des Chutes de Boussa... »

Le point choisi fut baptisé Fort Arenberg, il était situé en face de Badjibo, à 50 milles environ au sud de Boussa. Sur protestation de l'Angleterre, le fort Arenberg fut évacué.

La Convention de 1898 confirma que les deux rives du Niger, d'un point un peu au nord du confluent du Mago Kabbi jusqu'à la mer, appartenaient à la Colonie de la Nigérie. (Auteur.)

Passant ensuite à la colonne du colonel Combes qui, en 1893, avait rejeté Samory vers le sud, le capitaine Atteridge parle de la mission Marchand qui, préoccupé de la présence de Samory aux abords de nos possessions de la Côte d'Ivoire, incita le gouvernement à prendre des mesures pour s'y opposer. Cette expédition, dite « colonne de Kong », fut commandée par l'auteur qui, dans un opuscule *Une page d'histoire coloniale, la Colonne de Kong* a réuni les documents officiels, rapports, bulletin des opérations, etc., qui s'y rattachent. Mais cette brochure a été épuisée dès le lendemain de son apparition; elle est désormais introuvable, et, dans la lettre, par laquelle il m'envoyait la préface du présent ouvrage, le général Mangin écrit :

« Ce 1er mars 1924.

« Mon Colonel,

« Voici la préface...

« Je pense qu'il y aurait intérêt à ajouter une douzaine de pages sur la « Colonne de Kong ». Votre brochure est devenue introuvable, ainsi qu'il arrive souvent aux petits fascicules qui s'égarent plus facilement que les volumes, et vous devez à vos compagnons d'armes, de perpétuer le souvenir des exploits réalisés sous vos ordres.

« (Signé) Ch. Mangin. »

Il est difficile de donner satisfaction complète au désir formulé par le général, car il faudrait reproduire le fascicule épuisé, et joindre une carte; de plus, une documentation de cette importance sur un épisode des guerres coloniales ne serait pas dans l'esprit de l'ouvrage. D'ailleurs, je l'ai dit déjà, Baratier, dans *Epopées africaines*, a consacré près de deux cents pages à la colonne de Kong et une carte se trouve jointe au texte. Ce que je puis faire seulement, ce sera de reproduire une partie du texte du capitaine Atteridge, mais pour combler une lacune de l'ouvrage de Baratier, je citerai les noms des officiers ayant appartenu à la colonne, d'autant que nombre d'entre eux, après avoir, sous mes ordres, accompli des actions insignes, se sont distingués dans les commandements qu'ils ont obtenus plus tard.

Etat-major :

Commandant Pineau (1), chef d'Etat-major;

Capitaines : Plé, Marchand (2), Germain (3), Baratier (4), Frottié;

Lieutenants : Hutin (5), Largeau (6), Braulot (7);

Médecins : Thomas, Le Ray;

Chef de la flotille : lieutenant de vaisseau Bretonnet (8).

Troupes :

Bataillon de tirailleurs : commandant Caudrelier (9);

Etat-major : capitaine Dumoulin; lieutenants Testard, Puydupin; médecin, Réjou;

Infanterie : capitaine Desperles †, Lallemand †, Germy, Boussac, Tétard (10), Coué, Chartrain; lieutenants de Lezeleuc, Billecoq,

(1) Général de division. Pendant la guerre, a assuré en Afrique occidentale le recrutement des troupes noires et leur envoi en France.

(2) Plus tard, chef de la mission Congo-Nil. Général de division au cours de la guerre.

(3) Plus tard, membre de la mission Congo-Nil. Décédé avant la guerre.

(4) Plus tard, membre de la mission Congo-Nil. Mort dans les tranchées comme général commandant une division.

(5) A dirigé les opérations de conquête du Cameroun allemand. Général de l'armée polonaise.

(6) Plus tard, membre de la mission Congo-Nil. Tué sur le front comme général de brigade.

(7) Tué, étant chef de mission, par les bandes de Samory.

(8) Tué dans les territoires du Tchad.

(9) Tué sur le front comme général de division.

(10) Vainqueur de Bir Alali. Général de division pendant la guerre.

La † qui suit les noms indique les officiers morts au cours de la colonne.

Grandmontagne †, Vaudescal, Lacour, Carière, de Villadary, Hesse, Miribel †, Haye, Doudoux, Phélis, Dez;

Artillerie : capitaine Gigou; lieutenants Bégon, Bourrat;

Génie : capitaine Devrez;

Spahis : capitaine Dumas (1), lieutenant Gervais;

Détachement des conducteurs : capitaine Duboys; lieutenant Trimollière;

Interprète : Mandoo Ousman † (2).

Le capitaine Atterridge fait l'historique complet de la colonne de Kong et une carte est jointe au texte de sa conférence. Je citerai seulement la fin du texte pour montrer l'esprit d'impartialité du conférencier anglais : « Le fait que le colonel Monteil, quoique grièvement blessé et ayant conservé le commandement, sauva sa colonne de la destruction au cours de la retraite, le désigne comme un soldat dont toute armée serait fière. »

Et au cours du récit des différentes opérations, le capitaine Atteridge ne manquera pas une occasion d'exhalter les qualités d'esprit d'entreprise, de bravoure et d'endurance des officiers français.

A l'occasion d'ailleurs des faibles effectifs de la colonne de Kong et du concours qui aurait dû lui venir du nord et qui ne vint pas, le conférencier s'exprime ainsi :

« Au cours de toutes ces campagnes au Soudan et à la côte occidentale, on ne peut s'empêcher d'être surpris des faibles forces mises en campagne par la France. Ses conquêtes ont été effectuées par *l'énergie personnelle et l'initiative de quelques officiers blancs suivis par de merveilleuses troupes indigènes. Dix ont fait l'ouvrage de cent compagnies même de cent bataillons.* Je doute qu'un commandant français ait jamais eu sous ses ordres, en un

(1) A repris, malgré son âge, du service pendant la guerre. A été tué sur le front, après avoir donné des marques d'une bravoure restée légendaire.

(2) Tué pendant la colonne. Etait le fils de l'interprète du gouvernement du Sénégal Ousman Sôo, ancien guide de Faidherbe, chevalier de la Légion d'honneur.

jour de bataille, une force égale à celle d'une de nos brigades indigènes pendant la campagne du Nil. C'est tout à la louange des officiers français, de voir quels grands résultats ils ont obtenu avec de faibles moyens, mais c'est une politique qui expose les braves gens au désastre, désastre d'ailleurs dans lequel ils montreront les mêmes qualités militaires, qui leur ont assuré la victoire malgré les plus sombres pronostics. Dans le cas de Monteil, la diversion promise, qui ne se produisit pas, le laissa dans les forêts de l'Afrique avec 400 hommes à ses côtés, pour attaquer Samory. »

Traitant ensuite de la pacification du Soudan au nord du Niger, le conférencier signale l'achèvement du tronçon de la voie ferrée entre Khayes et Bafoulabé par le général Trentinian en l'été de 1896; la puissance toucouleur à ce moment est brisée, comme celle des Touaregs.

Alors, dit-il, les Français se préoccupèrent moins de consolider leur position au Soudan, que de fonder un empire colonial africain qui s'étendrait jusqu'au Moyen Niger d'une part et, d'autre part, *tenterait de réunir les établissements français autour du Tchad, puis par l'Oubanghi de progresser vers le Nil, et avec l'aide amicale de l'Abyssinie, d'atteindre la mer Rouge.*

Le projet anglais du Cap au Caire était mis en péril par le projet d'étendre l'influence française du Sénégal à Obock et de la Méditerranée au Congo.

« Je ne tenterai pas, dit le capitaine Atteridge, de suivre en détail l'histoire de la réalisation de ce gigantesque projet... Je suis surtout désireux d'exposer devant mes collègues de l'Institution, la persévérance admirable, le courage actif, les ressources sans fin de nos rivaux — puis-je dire de nos camarades? — dans cette entreprise de l'ouverture de l'Afrique. Jetant un regard sur cette longue période d'endurance militaire, nous pouvons dire à ces braves français, ce que Lord Kitchener disait à Marchand à Fashoda : « Je vous félicite de tout ce que vous avez accompli. »

L'orateur fait ensuite l'historique des actions françaises le long du Niger et dans l'hinterland des colonies anglaises de Lagos et de Gold Coast, qui faillirent amener la guerre entre l'Angleterre et la France; c'est la prise de Boussa par Bretonnet, en février 1897, celle de Nikki par Vermeersch, en novembre 1897. A ces événements le conférencier a fait allusion en parlant du tact des officiers des deux nations, quand les deux pavillons flottaient côte à côte. Ces questions furent liquidées par l'acte de 1898, Boussa restait à l'Angleterre, Nikki à la France.

« Ainsi, l'entreprise de ses soldats avait beaucoup obtenu pour la France » conclut le conférencier.

Puis c'est la prise de Sikasso et l'action finale engagée contre Samory après l'assassinat de Braulot. Cette période de la lutte est marquée par le fameux siège de Kong, où les lieutenants Demars et Michel s'étaient enfermés. Le conférencier exhalte le dévouement des troupes indigènes qui, malgré une situation désespérée, refusaient de céder aux sollicitations des Sofas les engageant à abandonner leurs officiers. Le colonel Caudrelier, venant du sud, parvint à délivrer ces héros, ceux qui restaient étaient terrassés par la faim et la fièvre.

« Il est hors de doute, conclut le capitaine Atteridge, que jamais le pavillon tricolore n'a flotté au-dessus d'une troupe plus brave, que celle de cette poignée de héros qui résistèrent dans les murs de boue de Kong. »

Puis c'est la poursuite de Samory par les colonnes des colonels Pineau et Bertin, du commandant Lartigue, sa capture enfin, comme celle d'un lièvre forcé, par la compagnie du capitaine Gouraud, le 29 septembre.

Enfin, le conférencier termine par la concentration des missions Foureau-Lamy venant du Sahara, des troupes venues de l'ouest sous les ordres de Joaland (ancienne mission Voulet Chanoine) et des troupes de l'Oubanghi Chari à Koussouri, combat dans lequel s'effondra la puissance de Rabat.

Le capitaine Atteridge terminait ainsi cette conférence : « Je suis sûr, dit-il, qu'une pensée quelconque de rivalité nationale ne peut nous interdire de payer un large tribut d'admiration à ces braves soldats, suivis par leurs dévoués indigènes, qui, pendant vingt ans, depuis le grand fleuve jusqu'au désert, au travers de savanes et de forêts, ont réalisé cette grande œuvre. Les limites de notre empire sont jalonnées des tombes de nos morts, aussi les étapes de l'avance du Sénégal au travers des contrées qu'arrose le Niger, furent marquées par des croix isolées sur les tombes des soldats de France. Nous devons oublier pour un moment nos rivalités, et penser d'eux, comme de ceux des nôtres morts dans les déserts africains, *frères dans le devoir commun*, fils de la race conquérante blanche, dont la mission fut d'établir le règne de la civilisation et de porter la lumière dans les terres obscures du monde. »

Nous avons pensé que nous ne pouvions mieux clore ces *Commentaires de l'histoire coloniale* que par la citation de l'opinion de nos rivaux sur les faits et gestes de nos officiers en Afrique. Si nous rappelons qu'au moment de la conférence du capitaine Atteridge (29 novembre 1899), les actes diplomatiques définitifs de 1898 et 1899 ont réglé tous les conflits pendants, et fixé, de manière précise, les sphères d'influence de la France et de l'Angleterre en Afrique, nous, Français, ne pouvons nous défendre d'un profond sentiment de gratitude envers le rival de la veille, qui sût exhalter en termes si généreux, les actions d'énergie persévérante, de bravoure et aussi de tact parfait accomplies par nos compatriotes.

Ces sentiments de sympathie militaire, d'estime réciproque, devaient quinze ans après, et pendant de longs mois, avoir l'occasion de se développer au cours de la lutte commune sur les champs de bataille de la grande guerre, «en France et aux Colonies». Désormais la confraternité d'armes, la camaraderie qu'invoquait timidement devant ses collègues de l'Institution, le capitaine Atteridge, est scellée à jamais dans le sang des héros des deux nations, qui, par de multiples blessures, s'épandant sur notre sol, s'y est indissolublement mélangé.

EPILOGUE

En 1884, dans l'ouvrage *En France et aux Colonies, Vade-mecum de l'officier d'Infanterie de marine*, j'écrivais ces lignes :

« La justice de l'histoire se lèvera un jour pour proclamer que de ce corps seront sortis les vrais pionniers désintéressés de la colonisation française au XIXe siècle. »

La prédiction d'hier est la réalité d'aujourd'hui. L'admiration unanime est désormais acquise aux faits et gestes de ces « Marsouins », et de leurs émules de l'Artillerie de marine, qui, malgré une opinion publique hostile, un Parlement indifférent, un Gouvernement hésitant, ont exploré, conquis, organisé l'immense empire colonial de la France.

L'heure venue, après la pacification, les pionniers de la première heure ont transmis la tâche, pour la parachever, aux administrateurs civils formés à leur école, à leur contact.

Quoique veuillent prétendre certains esprits, enclins à fomenter les divisions, à éveiller les rivalités entre serviteurs d'une même cause sacrée, parce que nationale dans son principe, la méthode française n'a jamais varié dans ses rapports avec les indigènes. Qu'elle ait été appliquée par *les militaires ou par les civils*, ses caractéristiques sont constantes : *elle fut humaine et généreuse;* par ces qualités elle fut féconde.

L'attachement sans bornes, qu'en tous les temps, ont manifesté les troupes indigènes pour leurs officiers, constitue pour cette méthode, le plus éclatant témoignage de sa haute valeur morale. Partout dans les limites de notre empire colonial, celles-ci ont accepté avec enthousiasme d'exécuter la tâche qui leur était prescrite, et le jour venu, sur les champs de bataille, « en France et aux Colonies », les troupes indigènes, quel que fût leur pays d'origine, ont, sans compter, donnée leur sang dans un merveilleux et stoïque élan de reconnaissance, pour cette patrie commune : la France, qu'ils avaient appris à aimer dans leurs chefs.

Cet esprit de sacrifice, d'abnégation, de dévouement indéfectible, a suscité l'étonnement et l'admiration de toutes les nations alliées ou ennemies, d'autant qu'aucune des autres puissances coloniales ne pouvait offrir exemple de semblables vertus, lesquelles dérivaient, en effet, et seulement, de la méthode de civilisation, *innovée* par la France dans ses possessions d'outre-mer.

Cette continuité, au travers du temps, de l'emprise de notre race sur celles qu'elle avait, effectivement, mais aussi moralement conquises, s'explique par ce fait que les chefs, de ce qu'on a appelé « la période héroïque », ont su former à leur image des élèves qui ont égalé et parfois surpassé les maîtres.

Ici encore, l'histoire de la grande guerre nous apporte un éloquent et décisif enseignement. Les jeunes chefs de l'armée coloniale, à la tête, indistinctement, des troupes métropolitaines ou de leurs contingents indigènes, ont apporté à la Patrie en détresse leur maîtrise dans la conduite des hommes, leur bravoure légendaire, leur irrésistible entrain qui ont largement contribué, en « France et aux Colonies », à la victoire de nos armes.

Faut-il ici citer des noms? Ils sont trop; d'ailleurs l'histoire les a retenus.

Mais ces noms, quelque illustres soient-ils, ne sont que des prénoms dans la grande famille dont le nom patronymique est désormais consacré, nom qui, évoqué avec enthousiasme, faisait tressaillir d'un long frisson d'admiration et d'émotion reconnaissante l'âme de la foule, quand apparaissaient, émergeant à martiale allure des voûtes de l'Arc de Triomphe, le jour du défilé de la Victoire : **LES COLONIAUX!**

FIN

TABLE DES MATIÈRES

3922 — Soc. an. M. Weissenbruch, imprimeur du Roi, Bruxelles.

www.ingramcontent.com/pod-product-compliance
Ingram Content Group UK Ltd.
Pitfield, Milton Keynes, MK11 3LW, UK
UKHW021147260726
13994UKWH00001B/327

9 782329 178332